MW01075049

莊子
The Zhuangzi

莊子
Master Zhuang

莊子

Copyright © JiaHu Books 2014

First Published in Great Britain in 2014 by Jiahu Books – part of Richardson-Prachai Solutions Ltd, 34 Egerton Gate, Milton Keynes, MK5 7HH

ISBN: 978-1-78435-027-7

A CIP catalogue record for this book is available from the British Library

Visit us at: jiahubooks.co.uk

內篇

外篇

雜篇

內篇

逍遙遊第一

北冥有魚，其名曰鯤。鯤之大，不知其幾千里也。化而為鳥，其名為鵬。鵬之背，不知其幾千里也；怒而飛，其翼若垂天之雲。是鳥也，海運則將徙於南冥。南冥者，天池也。

《齊諧》者，志怪者也。《諧》之言曰：「鵬之徙於南冥也，水擊三千里，摶扶搖而上者九萬里，去以六月息者也。」野馬也，塵埃也，生物之以息相吹也。天之蒼蒼，其正色邪？其遠而無所至極邪？其視下也，亦若是則已矣。

且夫水之積也不厚，則其負大舟也無力。覆杯水於坳堂之上，則芥為之舟；置杯焉則膠，水淺而舟大也。風之積也不厚，則其負大翼也無力。故九萬里，則風斯在下矣，而後乃今培風；背負青天而莫之夭閼者，而後乃今將圖南。

蜩與鸒鳩笑之曰：「我決起而飛，槍榆枋而止，時則不至而控於地而已矣，奚以之九萬里而南為？」適莽蒼者，三餐而反，腹猶果然；適百里者，宿舂糧；適千里者，三月聚糧。之二蟲又何知！

小知不及大知，小年不及大年。奚以知其然也？朝菌不知晦朔，蟪蛄不知春秋，此小年也。楚之南有冥靈者，以五百歲為春，五百歲為秋；上古有大椿者，以八千歲為春，八千歲為秋，此大年也。而彭祖乃今以久特聞，眾人匹之，不亦悲乎！

湯之問棘也是已。湯之問棘曰：「上下四方有極乎？」棘曰：「無極之外，復無極也。窮髮之北有冥海者，天池也。有魚焉，其廣數千里，未有知其修者，其名為鯤。有鳥焉，其名為鵬，背若太山，翼若垂天之雲，摶扶搖羊角而上者九萬里，絕雲氣，負青天，然後圖南，且適南冥也。斥鴳笑之曰：「彼

且奚適也？我騰躍而上，不過數仞而下，翱翔蓬蒿之間，此亦飛之至也，而彼且奚適也？」此小大之辯也。

故夫知效一官，行比一鄉，德合一君，而徵一國者，其自視也亦若此矣。而宋榮子猶然笑之。且舉世而譽之而不加勸，舉世而非之而不加沮，定乎內外之分，辯乎榮辱之境，斯已矣。彼其於世未數數然也。雖然，猶有未樹也。夫列子御風而行，泠然善也，旬有五日而後反。彼於致福者，未數數然也。此雖免乎行，猶有所待者也。若夫乘天地之正，而御六氣之辯，以遊无窮者，彼且惡乎待哉！故曰，至人无己，神人无功，聖人无名。

堯讓天下於許由，曰：「日月出矣而爝火不息，其於光也，不亦難乎！時雨降矣而猶浸灌，其於澤也，不亦勞乎！夫子立而天下治，而我猶尸之，吾自視缺然。請致天下。」

許由曰：「子治天下，天下既已治也。而我猶代子，吾將為名乎？名者，實之賓也，吾將為賓乎？鷦鷯巢於深林，不過一枝；偃鼠飲河，不過滿腹。歸休乎君，予无所用天下為！庖人雖不治庖，尸祝不越樽俎而代之矣。」

肩吾問於連叔曰：「吾聞言於接輿，大而无當，往而不返。吾驚怖其言，猶河漢而无極也；大有徑庭，不近人情焉。」

連叔曰：「其言謂何哉？」

曰：「藐姑射之山，有神人居焉，肌膚若冰雪，綽約若處子。不食五穀，吸風飲露。乘雲氣，御飛龍，而遊乎四海之外。其神凝，使物不疵癘而年穀熟。吾以是狂而不信也。」

連叔曰：「然，瞽者无以與乎文章之觀，聾者无以與乎鐘鼓之聲。豈唯形骸有聾盲哉？夫知亦有之。是其言也，猶時女也。之人也，之德也，將旁礴萬物以為一世蘄乎亂，孰弊弊焉

以天下為事！之人也，物莫之傷，大浸稽天而不溺，大旱金石流土山焦而不熱。是其塵垢秕糠，將猶陶鑄堯舜者也，孰肯以物為事！宋人資章甫而適諸越，越人斷髮文身，無所用之。堯治天下之民，平海內之政，往見四子藐姑射之山，汾水之陽，窅然喪其天下焉。

惠子謂莊子曰：「魏王貽我大瓠之種，我樹之成而實五石，以盛水漿，其堅不能自舉也。剖之以為瓢，則瓠落無所容。非不呺然大也，吾為其無用而掊之。

莊子曰：「夫子固拙於用大矣。宋人有善為不龜手之藥者，世世以洴澼絖為事。客聞之，請買其方百金。聚族而謀曰：『我世世為洴澼絖，不過數金；今一朝而鬻技百金，請與之。』客得之，以說吳王。越有難，吳王使之將。冬與越人水戰，大敗越人，裂地而封之。能不龜手，一也；或以封，或不免於洴澼絖，則所用之異也。今子有五石之瓠，何不慮以為大樽而浮乎江湖，而憂其瓠落無所容？則夫子猶有蓬之心也夫！

惠子謂莊子曰：「吾有大樹，人謂之樗。其大本擁腫而不中繩墨，其小枝卷曲而不中規矩，立之塗，匠者不顧。今子之言，大而無用，眾所同去也。」

莊子曰：「子獨不見狸狌乎？卑身而伏，以候敖者；東西跳梁，不避高下；中於機辟，死於罔罟。今夫犛牛，其大若垂天之雲。此能為大矣，而不能執鼠。今子有大樹，患其无用，何不樹之於无何有之鄉，廣莫之野，彷徨乎无為其側，逍遙乎寢臥其下。不夭斤斧，物无害者，无所可用，安所困苦哉！

齊物論第二

南郭子綦隱机而坐，仰天而噓，荅焉似喪其耦。顏成子游立侍乎前，曰：「何居乎？形固可使如槁木，而心固可使如死

灰乎？今之隱机者，非昔之隱机者也？」

子綦曰：「偃，不亦善乎，而問之也！今者吾喪我，汝知之乎？女聞人籟而未聞地籟，女聞地籟而未聞天籟夫！」

子游曰：「敢問其方。」

子綦曰：「夫大塊噫氣，其名為風。是唯无作，作則萬竅怒呺。而獨不聞之翏翏乎？山林之畏佳，大木百圍之竅穴，似鼻，似口，似耳，似枅，似圈，似臼，似洼者，似污者；激者、謞者、叱者、吸者、叫者、譹者、宎者、咬者，前者唱于而隨者唱喁。泠風則小和，飄風則大和，厲風濟則眾竅為虛。而獨不見之調調，之刁刁乎？」

子游曰：「地籟則眾竅是已，人籟則比竹是已，敢問天籟。」

子綦曰：「夫吹萬不同，而使其自已也，咸其自取，怒者其誰邪！」

大知閑閑，小知閒閒；大言炎炎，小言詹詹。其寐也魂交，其覺也形開，與接為搆，日以心鬭。縵者，窖者，密者。小恐惴惴，大恐縵縵。其發若機栝，其司是非之謂也；其留如詛盟，其守勝之謂也；其殺若秋冬，以言其日消也；其溺之所為之，不可使復之也；其厭也如緘，以言其老洫也；近死之心，莫使復陽也。喜怒哀樂，慮嘆變慹，姚佚啟態；樂出虛，蒸成菌。日夜相代乎前，而莫知其所萌。已乎，已乎！旦暮得此，其所由以生乎！

非彼无我，非我无所取。是亦近矣，而不知其所為使。若有真宰，而特不得其眹。可行己信，而不見其形，有情而无形。百骸，九竅，六藏，賅而存焉，吾誰與為親？汝皆說之乎？其有私焉？如是皆有為臣妾乎？其臣妾不足以相治乎？其遞相為

8

君臣乎？其有真君存焉？如求得其情與不得，無益損乎其真。一受其成形，不忘以待盡。與物相刃相靡，其行盡如馳，而莫之能止，不亦悲乎！終身役役而不見其成功，苶然疲役而不知其所歸，可不哀邪！人謂之不死，奚益！其形化，其心與之然，可不謂大哀乎？人之生也，固若是芒乎？其我獨芒，而人亦有不芒者乎？夫隨其成心而師之，誰獨且无師乎？奚必知代而心自取者有之？愚者與有焉。未成乎心而有是非，是今日適越而昔至也。是以无有為有。无有為有，雖有神禹，且不能知，吾獨且奈何哉！

夫言非吹也，言者有言。其所言者特未定也。果有言邪？其未嘗有言邪？其以為異於鷇音，亦有辯乎？其無辯乎？道惡乎隱而有真偽？言惡乎隱而有是非？道惡乎往而不存？言惡乎存而不可？道隱於小成，言隱於榮華。故有儒墨之是非，以是其所非而非其所是。欲是其所非而非其所是，則莫若以明。

物无非彼，物无非是。自彼則不見，自知則知之。故曰彼出於是，是亦因彼。彼是方生之說也，雖然，方生方死，方死方生；方可方不可，方不可方可；因是因非，因非因是。是以聖人不由，而照之於天，亦因是也。是亦彼也，彼亦是也。彼亦一是非，此亦一是非。果且有彼是乎哉？果且无彼是乎哉？彼是莫得其偶，謂之道樞。樞始得其環中，以應无窮。是亦一无窮，非亦一无窮也。故曰莫若以明。以指喻指之非指，不若以非指喻指之非指也；以馬喻馬之非馬，不若以非馬喻馬之非馬也。天地一指也，萬物一馬也。

可乎可，不可乎不可。道行之而成，物謂之而然。惡乎然？然於然。惡乎不然？不然於不然。物固有所然，物固有所可。无物不然，无物不可。故為是舉莛與楹，厲與西施，恢恑憰怪，道通為一。其分也，成也；其成也，毀也。凡物无成與毀，復

通為一。唯達者知通為一，為是不用而寓諸庸。庸也者，用也；用也者，通也；通也者，得也；適得而幾矣。因是已，已而不知其然，謂之道。勞神明為一而不知其同也，謂之朝三。何謂朝三？狙公賦芧，曰：「朝三而暮四，」眾狙皆怒。曰：「然則朝四而暮三，」眾狙皆悅。名實未虧而喜怒為用，亦因是也。是以聖人和之以是非而休乎天鈞，是之謂兩行。

古之人，其知有所至矣。惡乎至？有以為未始有物者，至矣，盡矣，不可以加矣。其次以為有物矣，而未始有封也。其次以為有封焉，而未始有是非也。是非之彰也，道之所以虧也。道之所以虧，愛之所之成。果且有成與虧乎哉？果且无成與虧乎哉？有成與虧，故昭氏之鼓琴也；無成與虧，故昭氏之不鼓琴也。昭文之鼓琴也，師曠之枝策也，惠子之據梧也，三子之知幾乎，皆其盛者也，故載之末年。唯其好之也，以異於彼，其好之也，欲以明之。彼非所明而明之，故以堅白之昧終。而其子又以文之綸終，終身无成。若是而可謂成乎？雖我亦成也。若是而不可謂成乎？物與我無成也。是故滑疑之耀，聖人之所圖也。為是不用而寓諸庸，此之謂以明。

今且有言於此，不知其與是類乎？其與是不類乎？類與不類，相與為類，則與彼无以異矣。雖然，請嘗言之。有始也者，有未始有始也者，有未始有夫未始有始也者。有有也者，有无也者，有未始有无也者，有未始有夫未始有无也者。俄而有无矣，而未知有无之果孰有孰无也。今我則已有謂矣，而未知吾所謂之其果有謂乎，其果无謂乎？天下莫大於秋豪之末，而大山為小；莫壽於殤子，而彭祖為夭。天地與我並生，而萬物與我為一。既已為一矣，且得有言乎？既已謂之一矣，且得无言乎？一與言為二，二與一為三。自此以往，巧曆不能得，而況其凡乎！故自无適有以至於三，而況自有適有乎！无適焉，因

10

是已!

夫道未始有封,言未始有常,為是而有畛也,請言其畛:有左,有右,有倫,有義,有分,有辯,有競,有爭,此之謂八德。六合之外,聖人存而不論;六合之內,聖人論而不議。春秋經世先王之志,聖人議而不辯。故分也者,有不分也;辯也者,有不辯也。曰:何也?聖人懷之,眾人辯之以相示也。故曰辯也者有不見也。夫大道不稱,大辯不言,大仁不仁,大廉不嗛,大勇不忮。道昭而不道,言辯而不及,仁常而不成,廉清而不信,勇忮而不成。五者園而幾向方矣,故知止其所不知,至矣。孰知不言之辯,不道之道?若有能知,此之謂天府。注焉而不滿,酌焉而不竭,而不知其所由來,此之謂葆光。

故昔者堯問於舜曰:「我欲伐宗、膾、胥敖,南面而不釋然。其故何也?」舜曰:「夫三子者,猶存乎蓬艾之間。若不釋然,何哉?昔者十日並出,萬物皆照,而況德之進乎日者乎!」

齧缺問乎王倪曰:「子知物之所同是乎?」

曰:「吾惡乎知之!」

「子知子之所不知邪?」

曰:「吾惡乎知之!」

「然則物无知邪?」

曰:「吾惡乎知之!」

雖然,嘗試言之。庸詎知吾所謂知之非不知邪?庸詎知吾所謂不知之非知邪?

且吾嘗試問乎女:民溼寢則腰疾偏死,鰌然乎哉?木處則惴慄恂懼,猨猴然乎哉?三者孰知正處?民食芻豢,麋鹿食薦,

蝍蛆且甘帶，鴟鴉耆鼠，四者孰知正味？猨猵狙以為雌，麋與鹿交，鰌與魚游。毛嬙麗姬，人之所美也；魚見之深入，鳥見之高飛，麋鹿見之決驟，四者孰知天下之正色哉？自我觀之，仁義之端，是非之塗，樊然殽亂，吾惡能知其辯！

齧缺曰：「子不知利害，則至人固不知利害乎？」

王倪曰：「至人神矣！大澤焚而不能熱，河漢沍而不能寒，疾雷破山[飄]風振海而不能驚。若然者，乘雲氣，騎日月，而遊乎四海之外，死生无變於己，而況利害之端乎！」

瞿鵲子問乎長梧子曰：「吾聞諸夫子，聖人不從事於務，不就利，不違害，不喜求，不緣道；无謂有謂，有謂无謂，而遊乎塵垢之外。夫子以為孟浪之言，而我以為妙道之行也。吾子以為奚若？」

長梧子曰：「是黃帝之所聽熒也，而丘也何足以知之！且女亦大早計，見卵而求時夜，見彈而求鴞炙。

予嘗為女妄言之，女以妄聽之。奚旁日月，挾宇宙？為其脗合，置其滑涽，以隸相尊。眾人役役，聖人愚芚，參萬歲而一成純。萬物盡然，而以是相蘊。

予惡乎知說生之非惑邪！予惡乎知惡死之非弱喪而不知歸者邪！麗之姬，艾封人之子也。晉國之始得之也，涕泣沾襟；及其至於王所，與王同筐牀，食芻豢，而後悔其泣也。予惡乎知夫死者不悔其始之蘄生乎？

夢飲酒者，旦而哭泣；夢哭泣者，旦而田獵。方其夢也，不知其夢也。夢之中又占其夢焉，覺而後知其夢也。且有大覺而後知此其大夢也，而愚者自以為覺，竊竊然知之。君乎，牧乎，固哉！丘也與女，皆夢也；予謂女夢，亦夢也。是其言也，其名為弔詭。萬世之後而一遇大聖，知其解者，是旦暮遇之也。

既使我與若辯矣，若勝我，我不若勝，若果是也，我果非也邪？我勝若，若不吾勝，我果是也，而果非也邪？其或是也，其或非也邪？其俱是也，其俱非也邪？我與若不能相知也。則人固受其黮闇，吾誰使正之？使同乎若者正之？既與若同矣，惡能正之！使同乎我者正之？既同乎我矣，惡能正之！使異乎我與若者正之？既異乎我與若矣，惡能正之！使同乎我與若者正之？既同乎我與若矣，惡能正之！然則我與若與人俱不能相知也，而待彼也邪？

何謂和之以天倪？曰：是不是，然不然。是若果是也，則是之異乎不是也亦无辯；然若果然也，則然之異乎不然也亦无辯。化聲之相待，若其不相待。和之以天倪，因之以曼衍，所以窮年也。忘年忘義，振於无竟，故寓諸无竟。」

罔兩問景曰：「曩子行，今子止；曩子坐，今子起。何其无特操與？

景曰：「吾有待而然者邪？吾所待又有待而然者邪？吾待蛇蚹蜩翼邪？惡識所以然！惡識所以不然！」

昔者莊周夢為胡蝶，栩栩然胡蝶也。自喻適志與！不知周也。俄然覺，則蘧蘧然周也。不知周之夢為胡蝶與，胡蝶之夢為周與？周與胡蝶，則必有分矣。此之謂物化。

養生主第三

吾生也有涯，而知也无涯。以有涯隨无涯，殆已；已而為知者，殆而已矣。為善无近名，為惡無近刑。緣督以為經，可以保身，可以全生，可以養親，可以盡年。

庖丁為文惠君解牛，手之所觸，肩之所倚，足之所履，膝之所踦，砉然嚮然，奏刀騞然，莫不中音。合於桑林之舞，乃中經首之會。

文惠君曰：「譆，善哉！技蓋至此乎？

庖丁釋刀對曰：「臣之所好者道也，進乎技矣。始臣之解牛之時，所見无非[全]牛者。三年之後，未嘗見全牛也。方今之時，臣以神遇而不以目視，官知止而神欲行。依乎天理，批大郤，導大窾，因其固然。技經肯綮之未嘗，而況大軱乎！良庖歲更刀，割也；族庖月更刀，折也。今臣之刀十九年矣，所解數千牛矣，而刀刃若新發於硎。彼節者有閒，而刀刃者无厚；以无厚入有閒，恢恢乎其於遊刃必有餘地矣，是以十九年而刀刃若新發於硎。雖然，每至於族，吾見其難為，怵然為戒，視為止，行為遲。動刀甚微，謋然以解，如土委地。提刀而立，為之四顧，為之躊躇滿志，善刀而藏之。」

文惠君曰：「善哉！吾聞庖丁之言，得養生焉。」

公文軒見右師而驚曰：「是何人也？惡乎介也？天與，其人與？」曰：「天也，非人也。天之生是使獨也，人之貌有與也。以是知其天也，非人也。

澤雉十步一啄，百步一飲，不蘄畜乎樊中。神雖王，不善也。」

老聃死，秦失弔之，三號而出。

弟子曰：「非夫子之友邪？」

曰：「然。」

「然則弔焉若此，可乎？」

曰：「然。始也吾以為其人也，而今非也。向吾入而弔焉，有老者哭之，如哭其子；少者哭之，如哭其母。彼其所以會之，必有不蘄言而言，不蘄哭而哭者，是遁天倍情，忘其所受，古者謂之遁天之刑。適來，夫子時也；適去，夫子順也。安時而

處順，哀樂不能入也，古者謂是帝之縣解。」

指窮於為薪，火傳也，不知其盡也。

人間世第四

顏回見仲尼，請行。

曰：「奚之？」

曰：「將之衛。」

曰：「奚為焉？」

曰：「回聞衛君，其年壯，其行獨；輕用其國，而不見其過；輕用民死，死者以國量乎澤若蕉，民其无如矣。回嘗聞之夫子曰：『治國去之，亂國就之，醫門多疾。』願以所聞思其則，庶幾其國有瘳乎！」

仲尼曰：「譆！若殆往而刑耳！

夫道不欲雜，雜則多，多則擾，擾則憂，憂而不救。古之至人，先存諸己而後存諸人。所存於己者未定，何暇至於暴人之所行！

且若亦知夫德之所蕩而知之所為出乎哉？德蕩乎名，知出乎爭。名也者，相(札)[軋]也；知也者，爭之器也。二者凶器，非所以盡行也。

且德厚信矼，未達人氣，名聞不爭，未達人心。而強以仁義繩墨之言術暴人之前者，是以人惡有其美也，命之曰菑人。菑人者，人必反菑之，若殆為人菑夫！且苟為悅賢而惡不肖，惡用而求有以異？若唯无詔，王公必將乘人而鬥其捷。而目將熒之，而色將平之，口將營之，容將形之，心且成之。是以火救火，以水救水，名之曰益多。順始无窮，若殆以不信厚言，

必死於暴人之前矣！

且昔者桀殺關龍逢，紂殺王子比干，是皆修其身以下傴拊人之民，以下拂其上者也，故其君因其修以擠之。是好名者也。昔者堯攻叢枝、胥敖，禹攻有扈，國為虛厲，身為刑戮，其用兵不止，其求實无已，是皆求名實者也，而獨不聞之乎？名實者，聖人之所不能勝也，而況若乎！

雖然，若必有以也，嘗以語我來！」

顏回曰：「端而虛，勉而一，則可乎？」

曰：「惡！惡可！夫以陽為充孔揚，采色不定，常人之所不違，因案人之所感，以求容與其心。名之曰日漸之德不成，而況大德乎！將執而不化，外合而內不訾，其庸詎可乎！

「然則我內直而外曲，成而上比。內直者，與天為徒。與天為徒者，知天子之與己皆天之所子，而獨以己言蘄乎而人善之，蘄乎而人不善之邪？若然者，人謂之童子。是之謂與天為徒。外曲者，與人之為徒也。擎跽曲拳，人臣之禮也，人皆為之，吾敢不為邪！為人之所為者，人亦无疵焉，是之謂與人為徒。成而上比者，與古為徒。其言雖教，讁之實也。古之有也，非吾有也。若然者，雖直而不病。是之謂與古為徒。若是則可乎？」

仲尼曰：「惡！惡可！大多政，法而不諜，雖固亦无罪。雖然，止是耳矣，夫胡可以及化，猶師心者也。」

顏回曰：「吾无以進矣，敢問其方。」

仲尼曰：「齋，吾將語若。有[心]而為之，其易邪？易之者，皞天不宜。」

顏回曰：「回之家貧，唯不飲酒不茹葷者數月矣。如此，

則可以為齋乎？」

曰：「是祭祀之齋，非心齋也。」

回曰：「敢問心齋。」

仲尼曰：「若一志，无聽之以耳而聽之以心，无聽之以心而聽之以氣！聽止於耳，心止於符。氣也者，虛而待物者也。唯道集虛。虛者，心齋也。」

顏回曰：「回之未始得使，實自回也；得使之也，未始有回也；可謂虛乎？」

夫子曰：「盡矣。吾語若！若能入遊其樊而無感其名，入則鳴，不入則止。無門無毒。一宅而寓於不得已，則幾矣。

絕迹易，无行地難。為人使易以偽，為天使難以偽。聞以有翼飛者矣，未聞以无翼飛者也；聞以有知知者矣，未聞以无知知者也。瞻彼闋者，虛室生白，吉祥止止。夫且不止，是之謂坐馳。夫徇耳目內通而外於心知，鬼神將來舍，而況人乎！是萬物之化也，禹舜之所紐也，伏戲几蘧之所行終，而況散焉者乎！

葉公子高將使於齊，問於仲尼曰：「王使諸梁也甚重，齊之待使者，蓋將甚敬而不急。匹夫猶未可動，而況諸侯乎！吾甚慄之。子常語諸梁也曰：『凡事若小若大，寡不道以懽成。事若不成，則必有人道之患，事若成，則必有陰陽之患。若成若不成而後无患者，唯有德者能之。』吾食也執粗而不臧，爨无欲清之人。今吾朝受命而夕飲冰，我其內熱與！吾未至乎事之情，而既有陰陽之患矣；事若不成，必有人道之患。是兩也，為人臣者不足以任之，子其有以語我來！

仲尼曰：「天下有大戒二：其一，命也；其一，義也。子

之愛親，命也，不可解於心。臣之事君，義也，無適而非君也，無所逃於天地之間。是之謂大戒。是以夫事其親者，不擇地而安之，孝之至也；夫事其君者，不擇事而安之，忠之盛也；自事其心者，哀樂不易施乎前，知其不可奈何而安之若命，德之至也。為人臣子者，固有所不得已。行事之情而忘其身，何暇至於悅生而惡死！夫子其行可矣！

丘請復以所聞：凡交近則必相靡以信，遠則必忠之以言，言必或傳之。夫傳兩喜兩怒之言，天下之難者也。夫兩喜必多溢美之言，兩怒必多溢惡之言。凡溢之類妄，妄則其信之也莫，莫則傳言者殃。故法言曰：『傳其常情，无傳其溢言，則幾乎全。』

且以巧鬬力者，始乎陽，常卒乎陰，(大)[泰]至則多奇巧；以禮飲酒者，始乎治，常卒乎亂，(大)[泰]至則多奇樂。凡事亦然。始乎諒，常卒乎鄙，其作始也簡，其將畢也必巨。

[夫]言者，風波也；行者，實喪也。[夫]風波易以動，實喪易以危。故忿設无由，巧言偏辭。獸死不擇音，氣息茀然，於是並生心厲。剋核大至，則必有不肖之心應之，而不知其然也。苟為不知其然也，孰知其所終！故法言曰：『无遷令，无勸成，過度益也。』遷令勸成殆事，美成在久，惡成不及改，可不慎與！且夫乘物以遊心，託不得已以養中，至矣！何作為報也！莫若為致命。此其難者。」

顏闔將傅衛靈公大子，而問於蘧伯玉曰：「有人於此，其德天殺。與之為无方，則危吾國；與之為有方，則危吾身。其知適足以知人之過，而不知其所以過。若然者，吾奈之何？」

蘧伯玉曰：「善哉問乎！戒之，慎之，正女身也哉！形莫若就，心莫若和。雖然，之二者有患。就不欲人，和不欲出。

形就而入，且為顛為滅，為崩為蹶。心和而出，且為聲為名，為妖為孽。彼且為嬰兒，亦與之為嬰兒；彼且為无町畦，亦與之為无町畦；彼且為无崖，亦與之為无崖。達之，入於无疵。

汝不知夫螳螂乎？怒其臂以當車轍，不知其不勝任也，是其才之美者也。戒之，慎之，積伐而美者以犯之，幾矣！

汝不知夫養虎者乎！不敢以生物與之，為其殺之之怒也；不敢以全物與之，為其決之之怒；時其飢飽，達其怒心。虎之與人異類而媚養己者，順也；故其殺者，逆也。

夫愛馬者，以筐盛矢，以蜄盛溺。適有蚉蝱僕緣，而拊之不時，則缺銜毀首碎胸。意有所至而愛有所亡，不可慎邪！」

匠石之齊，至於曲轅，見櫟社樹。其大蔽數千牛，絜之百圍，其高臨山十仞而後有枝，其可以為舟者旁十數。觀者如市，匠伯不顧，遂行不輟。

弟子厭觀之，走及匠石，曰：「自吾執斧斤以隨夫子，未嘗見材如此其美也。先生不肯視，行不輟，何邪？」

曰：「已矣，勿言之矣！散木也，以為舟則沈，以為棺槨則速腐，以為器則速毀，以為門戶則液樠，以為柱則蠹，是不材之木也，無所可用，故能若是之壽。

匠石歸，櫟社見夢曰：「女將惡乎比予哉？若將比予於文木邪。夫柤梨橘柚，果蓏之屬，實熟則剝，剝則辱；大枝折，小枝泄。此以其能苦其生者也，故不終其天年而中道夭，自掊擊於世俗者也。物莫不若是。且予求无所可用久矣，幾死，乃今得之，為予大用。使予也而有用，且得有此大也邪？且也若與予也皆物也，柰何哉，其相物也？而幾死之散人，又惡知散木？」

19

匠石覺而診其夢。弟子曰：「趣取無用，則為社何邪？」

曰：「密！若無言，彼亦直寄焉，以為不知己者詬厲也。不為杜者，且幾有翦乎？且也彼其所保與眾異，而以義(譽)[喻]之，不亦遠乎！」

南伯子綦遊乎商之丘，見大木焉有異，結駟千乘，隱將芘其所藾。子綦曰：「此何木也哉？此必有異材夫！」仰而視其細枝，則拳曲而不可以為棟梁，俯而(見)[視]其大根，則軸解而不可以為棺槨；咶其葉，則口爛而為傷；嗅之，則使人狂酲，三日而不已。

子綦曰：「此果不材之木也，以至於此其大也。嗟乎神人，以此不材！」

宋有荊氏者，宜楸柏桑。其拱把而上者，求狙猴之杙者斬之；三圍四圍，求高名之麗者斬之；七圍八圍，貴人富商之家求樿傍者斬之。故未終其天年，而中道之夭於斧斤，此材之患也。故解(以)之[以]牛之白顙者與豚之亢鼻者，與人有痔病者不可以適河。此皆巫祝以知之矣，所以為不祥也。此乃神人之所以為大祥也。

支離疏者，頤隱於臍，肩高於頂，會撮指天，五管在上，兩髀為脇，挫鍼治繲，足以糊口；鼓筴播精，足以食十人。上徵武士，則支離攘臂而遊於其間；上有大役，則支離以有常疾不受功；上與病者粟，則受三鐘與十束薪。夫支離其形者，猶足以養其身，終其天年，又況支離其德者乎。

孔子適楚，楚狂接輿遊其門，曰：「鳳兮鳳兮，何如德之衰也！來世不可待，往世不可追也。天下有道，聖人成焉，天下無道，聖人生焉。方今之時，僅免刑焉。福輕乎羽，莫之知載；禍重乎地，莫之知避。已乎已乎，臨人以德！殆乎殆乎，

畫地而趨！迷陽迷陽，无傷吾行！吾行卻曲，无傷吾足！」

山木自寇也，膏火自煎也。桂可食，故伐之；漆可用，故割之。人皆知有用之用，而莫知無用之用也。

德充符第五

魯有兀者王駘，從之遊者與仲尼相若。常季問於仲尼曰：「王駘，兀者也，從之遊者與夫子中分魯。立不教，坐不議，虛而往，實而歸。固有不言之教，無形而心成者邪？是何人也？」

仲尼曰：「夫子，聖人也。丘也直後而未往耳。丘將以為師，而況不若丘者乎！奚假魯國！丘將引天下而與從之。」

常季曰：「彼兀者也，而王先生，其與庸亦遠矣。若然者，其用心也獨若之何？」

仲尼曰：「死生亦大矣，而不得與之變；雖天地覆墜，亦將不與之遺。審乎无假而不與物遷，命物之化而守其宗也。」

常季曰：「何謂也？」

仲尼曰：「自其異者視之，肝膽楚越也；自其同者視之，萬物皆一也。夫若然者，且不知耳目之所宜，而遊心乎德之和；物視其所一而不見其所喪，視喪其足猶遺土也。」

常季曰：「彼為己以其知，得其心以其心。得其常心，物何為最之哉？」

仲尼曰：「人莫鑑於流水而鑑於止水，唯止能止眾止。受命於地，唯松柏獨也在冬夏青青；受命於天，唯舜獨也正，幸能正生，以正眾生。夫保始之徵，不懼之實。勇士一人，雄入於九軍。將求名而能自要者，而猶若是，而況官天地，府萬物，直寓六骸，象耳目，一知之所知，而心未嘗死者乎！彼且擇日

而登假，人則從是也。彼且何肎以物為事乎！」

申徒嘉，兀者也，而與鄭子產同師於伯昏无人。子產謂申徒嘉曰：「我先出則子止，子先出則我止。」其明日，又與合堂同席而坐。子產謂申徒嘉曰：「我先出則子止，子先出則我止。今我將出，子可以止乎，其未邪？且子見執政而不違，子齊執政乎？」

申徒嘉曰：「先生之門，固有執政焉如此哉？子而說子之執政而後人者也？聞之曰：『鑑明則塵垢不止，止則不明也。久與賢人處則無過。』今子之所取大者，先生也，而猶出言若是，不亦過乎！

子產曰：「子既若是矣，猶與堯爭善，計子之德不足以自反邪？

申徒嘉曰：「自狀其過以不當亡者眾，不狀其過以不當存者寡。知不可奈何而安之若命，唯有德者能之。遊於羿之彀中。中央者，中地也；然而不中者，命也。人以其全足笑吾不全足者多矣，我怫然而怒；而適先生之所，則廢然而反。不知先生之洗我以善邪？吾與夫子遊十九年矣，而未嘗知吾兀者也。今子與我遊於形骸之內，而子索我於形骸之外，不亦過乎！

子產蹴然改容更貌曰：「子无乃稱！

魯有兀者叔山无趾，踵見仲尼。仲尼曰：「子不謹，前既犯患若是矣。雖今來，何及矣！」

无趾曰；「吾唯不知務而輕用吾身，吾是以亡足。今吾來也，猶有尊足者存，吾是以務全之也。夫天無不覆，地無不載，吾以夫子為天地，安知夫子之猶若是也！」

孔子曰：「丘則陋矣！夫子胡不入乎，請講以所聞！」

无趾出。孔子曰：「弟子勉之！夫无趾，兀者也，猶務學以復補前行之惡，而況全德之人乎！」

无趾語老聃曰：「孔丘之於至人，其未邪？彼何賓賓以學子為？彼且蕲以諔詭幻怪之名聞，不知至人之以是為己桎梏邪？」

老聃曰：「胡不直使彼以死生為一條，以可不可為一貫者，解其桎梏，其可乎？」

无趾曰：「天刑之，安可解！」

魯哀公問於仲尼曰：「衛有惡人焉，曰哀駘它。丈夫與之處者，思而不能去也。婦人見之，請於父母曰『與為人妻寧為夫子妾』者，十數而未止也。未嘗有聞其唱者也，常和人而已矣。无君入之位以濟乎人之死，无聚祿以望人之腹。又以惡駭天下，和而不唱，知不出乎四域，且而雌雄合乎前。是必有異乎人者也。寡人召而觀之，果以惡駭天下。與寡人處，不至以月數，而寡人有意乎其為人也；不至乎期年，而寡人信之。國无宰，寡人傳國焉。悶然而後應，氾(而)若辭。寡人醜乎，卒授之國。無幾何也，去寡人而行，寡人卹焉若有亡也，若無與樂是國也。是何人者也？」

仲尼曰：「丘也嘗使於楚矣，適見独子食於其死母者，少焉眴若皆棄之而走。不見已焉爾，不得類焉爾。所愛其母者，非愛其形也，愛使其形者也。戰而死者，其人之葬也不以翣資；刖者之屨，无為愛之；皆无其本矣。為天子之諸御，不爪翦，不穿耳；取妻者止於外，不得復使。形全猶足以為爾，而況全德之人乎！今哀駘它未言而信，无功而親，使人授己國，唯恐其不受也，是必才全而德不形者也。」

哀公曰：「何謂才全？」

23

仲尼曰：「死生存亡，窮達貧富，賢與不肖毀譽，飢渴寒暑，是事之變，命之行也；日夜相代乎前，而知不能規乎其始者也。故不足以滑和，不可入於靈府。使之和豫，通而不失於兌；使日夜无郤，而與物為春，是接而生時於心者也。是之謂才全。」

「何謂德不形？」

曰：「平者，水停之盛也。其可以為法也，內保之而外不蕩也。德者，成和之脩也。德不形者，物不能離也。

哀公異日以告閔子曰：「始也吾以南面而君天下，執民之紀而憂其死，吾自以為至通矣。今吾聞至人之言，恐吾無其實，輕用吾身而亡其國。吾與孔丘，非君臣也，德友而已矣！」

闉跂支離無脤說衛靈公，靈公說之，而視全人，其脰肩肩。甕㼜大癭說齊桓公，桓公說之，而視全人，其脰肩肩。故德有所長而形有所忘，人不忘其所忘，而忘其所不忘，此謂誠忘。故聖人有所遊，而知為孽，約為膠，德為接，工為商。聖人不謀，惡用知？不斲，惡用膠？无喪，惡用德？不貨，惡用商？四者，天鬻也。天鬻者，天食也。既受食於天，又惡用人！有人之形，无人之情。有人之形，故群於人；无人之情，故是非不得於身，眇乎小哉，所以屬於人也！警乎大哉，獨成其天！

惠子謂莊子曰：「人故无情乎？」

莊子曰：「然。」

惠子曰：「人而无情，何以謂之人？」

莊子曰：「道與之貌，天與之形，惡得不謂之人？」

惠子曰：「既謂之人，惡得无情？」

莊子曰：「是非吾所謂情也。吾所謂无情者，言人之不以

好惡內傷其身，常因自然而不益生也。

惠子曰：「不益生，何以有其身？」

莊子曰：「道與之貌，天與之形，无以好惡內傷其身。今子外乎子之神，勞乎子之精，倚樹而吟，據槁梧而瞑。天選子之形，子以堅白鳴！」

大宗師第六

知天之所為，知人之所為者，至矣。知天之所為者，天而生也；知人之所為者，以其知之所知以養其知之所不知，終其天年而不中道夭者，是知之盛也。

雖然，有患。夫知有所待而後當，其所待者特未定也。庸詎知吾所謂天之非人乎？所謂人之非天乎？

且有真人而後有真知。何謂真人？古之真人，不逆寡，不雄成，不謨士。若然者，過而弗悔，當而不自得也。若然者，登高不慄，入水不濡，入火不熱。是知之能登假於道者也若此。

古之真人，其寢不夢，其覺无憂，其食不甘，其息深深。真人之息以踵，眾人之息以喉。屈服者，其嗌言若哇；其耆欲深者，其天機淺。

古之真人，不知說生，不知惡死；其出不訢，其入不距；翛然而往，翛然而來而已矣。不忘其所始，不求其所終；受而喜之，忘而復之，是之謂不以心捐道，不以人助天。是之謂真人。

若然者，其心志，其容寂，其顙頯；淒然似秋，煖然似春，喜怒通四時，與物有宜而莫知其極。

故聖人之用兵也，亡國而不失人心；利澤施乎萬世，不為愛人。故樂通物，非聖人也；有親，非仁也；天時，非賢也；

利害不通，非君子也；行名失己，非士也；亡身不真，非役人也。若狐不偕、務光、伯夷、叔齊、箕子、胥餘、紀他、申徒狄，是役人之役，適人之適，而不自適其適者也。

古之真人，其狀義而不朋，若不足而不承；與乎其觚而不堅也，張乎其虛而不華也；邴邴乎其似喜乎！崔乎其不得已乎！滀乎進我色也，與乎止我德也；厲乎其似世乎！警乎其未可制也；連乎其似好閉也，悗乎忘其言也，以刑為體，以禮為翼，以知為時，以德為循。以刑為體者，綽乎其殺也，以禮為翼者，所以行於世也，以知為時者，不得已於事也；以德為循者，言其與有足者至於丘也；而人真以為勤行者也。故其好之也一，其弗好之也一。其一也一，其不一也一。其一與天為徒，其不一與人為徒。天與人不相勝也，是之謂真人。

死生，命也，其有夜旦之常，天也。人之有所不得與，皆物之情也。彼特以天為父，而身猶愛之，而況其卓乎！人特以有君為愈乎己，而身猶死之，而況其真乎！

泉涸，魚相與處於陸，相呴以濕，相⊠沫，不如相忘於江湖。與其譽堯而非桀也，不如兩忘而化其道。夫大塊載我以形，勞我以生，佚我以老，息我以死。故善吾生者，乃所以善吾死也。

夫藏舟於壑，藏山於澤，謂之固矣。然而夜半有力者負之而走，昧者不知也。藏小大有宜，猶有所遯。若夫藏天下於天下而不得所遯，是恆物之大情也。特犯人之形而猶喜之。若人之形者，萬化而未始有極也，其為樂可勝計邪！故聖人將遊於物之所不得遯而皆存。善妖善老，善始善終，人猶效之，又況萬物之所係，而一化之所待乎！

夫道，有情有信，无為无形；可傳而不可受，可得而不可

見；自本自根，未有天地，自古以固存；神鬼神帝，生天生地；在太極之先而不為高，在六極之下而不為深，先天地生而不為久，長於上古而不為老。狶韋氏得之，以挈天地；伏戲氏得之，以襲氣母；維斗得之，終古不忒；日月得之，終古不息；堪坏得之，以襲崑崙；馮夷得之，以遊大川；肩吾得之，以處大山；黃帝得之，以登雲天；顓頊得之，以處玄宮；禺強得之，立乎北極；西王母得之，坐乎少廣，莫知其始，莫知其終；彭祖得之，上及有虞，下及五伯；傅說得之，以相武丁，奄有天下，乘東維，騎箕尾，而比於列星。

南伯子葵問乎女偊曰：「子之年長矣，而色若(篓)[孺]子，何也？」

曰：「吾聞道矣。」

南伯子葵曰：「道可得學邪？」

曰：「惡！惡可！子非其人也。夫卜梁倚有聖人之才而无聖人之道，我有聖人之道而无聖人之才，吾欲以教之，庶幾其果為聖人乎！不然，以聖人之道告聖人之才，亦易矣。吾猶守而告之，參日而後能外天下；已外天下矣，吾又守之，七日而後能外物；已外物矣，吾又守之，九日，而後能外生；已外生矣，而後能朝徹；朝徹，而後能見獨；見獨，而後能无古今；无古今，而後能入於不死不生。殺生者不死，生生者不生。其為物，無不將也，無不迎也；無不毀也，無不成也。其名為攖寧。攖寧也者，攖而後成者也。」

南伯子葵曰：「子獨惡乎聞之？」

曰：「聞諸副墨之子，副墨之子聞諸洛誦之孫，洛誦之孫聞之瞻明，瞻明聞之聶許，聶許聞之需役，需役聞之於謳，於謳聞之玄冥，玄冥聞之參寥，參寥聞之疑始。」

子祀、子輿、子犂、子來四人相與語曰：「孰能以无為首，以生為脊，以死為尻，孰知死生存亡之一體者，吾與之友矣。」四人相視而笑，莫逆於心，遂相與為友。

俄而子輿有病，子祀往問之。曰：「偉哉夫造物者，將以予為此拘拘也！曲僂發背，上有五管，頤隱於齊，肩高於頂，句贅指天。」陰陽之氣有沴，其心閒而无事，跰𨇤鑑於井，曰：「嗟乎！夫造物者又將以予為此拘拘也。」

子祀曰：「女惡之乎？」

曰：「亡，予何惡！浸假而化予之左臂以為雞，予因以求時夜；浸假而化予之右臂以為彈，予因以求鴞炙；浸假而化予之尻以為輪，以神為馬，予因乘之，豈更駕哉！且夫得者，時也；失者，順也。安時而處順，哀樂不能入也。此古之所謂縣解也。而不能自解者，物有結之。且失物不勝天久矣，吾又何惡焉！」

俄而子來有病，喘喘然將死。其妻子環而泣之。子犂往問之，曰：「叱！避！无怛化！」倚其戶與之語曰：「偉哉造化，又將奚以汝為，將奚以汝適？以汝為鼠肝乎？以汝為蟲臂乎？

子來曰：「父母於子，東西南北，唯命之從。陰陽於人，不翅於父母；彼近吾死而我不聽，我則悍矣，彼何罪焉！夫大塊載我以形，勞我以生，佚我以老，息我以死。故善吾生者，乃所以善吾死也。今(之)大冶鑄金，金踊躍曰『我且必為鏌鋣』，大冶必以為不祥之金。今一犯人之形，而曰『人耳人耳』，夫造化者必以為不祥之人。今一以天地為大爐，以造化為大冶，惡乎往而不可哉！」成然寐，蘧然覺。

子桑戶、孟子反、子琴張相與友，曰：「孰能相與於无相與，相為於无相為？孰能登天遊霧，撓挑無極，相忘以生，无

所終窮？」三人相視而笑，莫逆於心，遂相與為友。

　　莫然有間而子桑戶死，未葬。孔子聞之，使子貢往侍事焉。或編曲，或鼓琴，相和而歌曰：「嗟來桑戶乎！嗟來桑戶乎！而已反其真，而我猶為人猗！」子貢趨而進曰：「敢問臨尸而歌，禮乎？

　　二人相視而笑曰：「是惡知禮意！」

　　子貢反，以告孔子，曰：「彼何人者邪？修行无有，而外其形骸，臨尸而歌，顏色不變，无以命之，彼何人者邪？」

　　孔子曰：「彼，遊方之外者也；而丘，遊方之內者也。內外不相及，而丘使汝往弔之，丘則陋矣。彼方且與造物者為人，而遊乎天地之一氣。彼以生為附贅縣疣，以死為決☒潰癰，夫若然者，又惡知死生先後之所在！假於異物，託於同體；忘其肝膽，遺其耳目，反覆終始，不知端倪；芒然彷徨乎塵垢之外，逍遙乎无為之業。彼又惡能憒憒然為世俗之禮，以觀眾人之耳目哉！」

　　子貢曰「然則，夫子何方之依？」

　　孔子曰：「丘，天之戮民也。雖然，吾與汝共之。」

　　子貢曰：「敢問其方。」

　　孔子曰：「魚相造乎水，人相造乎道。相造乎水者，穿池而養給；相造乎道者，无事而生定。故曰：魚相忘乎江湖，人相忘乎道術。」

　　子貢曰：「敢問畸人。」

　　曰：「畸人者，畸於人而侔於天。故曰，天之小人，人之君子；人之君子，天之小人也。」

顏回問仲尼曰：「孟孫才，其母死，哭泣无涕，中心不戚，居喪不哀。无是三者，以善處喪蓋魯國。固有无其實而得其名者乎？回壹怪之。」

仲尼曰：「夫孟孫氏盡之矣，進於知矣。唯簡之而不得，夫已有所簡矣。孟孫氏不知所以生，不知所以死；不知就先，不知就後；若化為物，以待其所不知之化已乎！且方將化，惡知不化哉？方將不化，惡知已化哉？吾特與汝。其夢未始覺者邪！且彼有駭形而无損心，有旦宅而无情死。孟孫氏特覺，人哭亦哭，是自其所以乃。且也相與吾之耳矣，庸詎知吾所謂吾之乎？且汝夢為鳥而厲乎天，夢為魚而沒於淵。不識今之言者，其覺者乎？其夢者乎？造適不及笑，獻笑不及排，安排而去化，乃入於寥天一。」

意而子見許由，許由曰：「堯何以資汝？」

意而子曰：「堯謂我：『汝必躬服仁義而明言是非。』」

許由曰：「而奚來為軹？夫堯既已黥汝以仁義，而劓汝以是非矣，汝將何以遊夫遙蕩恣睢轉徙之塗乎？」

意而子曰：「雖然，吾願遊於其藩。」

許由曰：「不然。夫盲者无以與乎眉目顏色之好，瞽者无以與乎青黃黼黻之觀。」

意而子曰：「夫无莊之失其美，據梁之失其力，黃帝之亡其知，皆在鑪捶之間耳。庸詎知夫造物者之不息我黥而補我劓，使我乘成以隨先生邪？」

許由曰：「噫！未可知也。我為汝言其大略，吾師乎！吾師乎！䪠物而不為義，澤及萬世而不為仁，長於上古而不為老，覆載天地刻彫眾形而不為巧。此所遊已。」

顏回曰：「回益矣。」

仲尼曰：「何謂也？」

曰：「回忘仁義矣。」

曰：「可矣，猶未也。」

他日，復見，曰：「回益矣。」

曰：「何謂也？」

曰：「回忘禮樂矣。」

曰：「可矣，猶未也。」

他日，復見，曰：「回益矣。」

曰：「何謂也？」

曰：「回坐忘矣。」

仲尼蹴然曰：「何謂坐忘？

顏回曰：「墮肢體，黜聰明，離形去知，同於大通，此謂坐忘。」

仲尼曰：「同則无好也，化則无常也。而果其賢乎！丘也請從而後也。」

子輿與子桑友，而霖雨十日，子輿曰：「子桑殆病矣！」裹飯而往食之。至子桑之門，則若歌若哭，鼓琴曰：「父邪！母邪！天乎！人乎！」有不任其聲而趨舉其詩焉。」

子輿入，曰：「子之歌詩，何故若是？」

曰：「吾思夫使我至此極者而弗得也。父母豈欲吾貧哉？天无私覆，地无私載，天地豈私貧我哉？求其為之者而不得也。然而至此極者，命也夫！」

31

應帝王第七

齧缺問於王倪，四問而四不知。齧缺因躍而大喜，行以告蒲衣子。

蒲衣子曰：「而乃今知之乎？有虞氏不及泰氏。有虞氏，其猶藏仁以要人；亦得人矣，而未始出於非人。泰氏，其臥徐徐，其覺于于；一以己為馬，一以己為牛；其知情信，其德甚真，而未始入於非人。」

肩吾見狂接輿。狂接輿曰：「日中始何以語女？」

肩吾曰：「告我君人者以己出經式義度，人孰敢不聽而化諸！」

狂接輿曰：「是欺德也；其於治天下也，猶涉海鑿河而使蚉負山也。夫聖人之治也，治外乎？正而後行，確乎能其事者而已矣。且鳥高飛以避矰弋之害，鼷鼠深穴乎神丘之下以避熏鑿之患，而曾二蟲之無知！」

天根遊於殷陽，至蓼水之上，適遭無名人而問焉，曰：「請問為天下。」

无名人曰：「去！汝鄙人也！何問之不豫也？予方將與造物者為人，厭，則又乘夫莽眇之鳥，以出六極之外，而遊无何有之鄉，以處壙垠之野。汝又何帠以治天下感予之心為？

又復問。

无名人曰：「汝遊心於淡，合氣於漠，順物自然而無容私焉，而天下治矣。」

陽子居見老聃，曰：「有人於此，嚮疾強梁，物徹疏明，學道不勌。如是者，可比明王乎？」

老聃曰：「是於聖人也，胥易技係，勞形怵心者也。且(曰)[也]虎豹之文來田，猨狙之便執斄之狗來藉。如是者，可比明王乎？」

陽子居蹴然曰：「敢問明王之治。

老聃曰：「明王之治：功蓋天下而似不自己，化貸萬物而民弗恃；有莫舉名，使物自喜；立乎不測，而遊於无有者也。」

鄭有神巫曰季咸，知人之死生存亡，禍福壽夭，期以歲月旬日，若神。鄭人見之，皆棄而走。列子見之而心醉，歸，以告壺子，曰：「始吾以夫子之道為至矣，則又有至焉者矣。

壺子曰：「吾與汝既其文，未既其實，而固得道與？衆雌而无雄，而又奚卵焉？而以道與世亢，必信，夫故使人得而相(女)[汝]。嘗試與來，以予示之。」

明日，列子與之見壺子。出而謂列子曰：「嘻！子之先生死矣！弗活矣！不以旬數矣！吾見怪焉！見濕灰焉。」

列子入，泣涕沾襟以告壺子。壺子曰：「鄉吾示之以地文，萌乎不震不正。是殆見吾杜德機也。嘗又與來。

明日，又與之見壺子。出而謂列子曰：「幸矣子之先生遇我也！有瘳矣，全然有生矣！吾見其杜權矣！」

列子入，以告壺子。壺子曰：「鄉吾示之以天壤，名實不入，而機發於踵。是殆見吾善者機也。嘗又與來。

明日，又與之見壺子。出而謂列子曰：「子之先生不齊，吾无得而相焉。試齊，且復相之。」

列子入，以告壺子。壺子曰：「吾鄉示之以太沖莫勝，是殆見吾衡氣機也。鯢桓之審為淵，止水之審為淵，流水之審為

淵。淵有九名，此處三焉。嘗又與來。」

明日，又與之見壺子。立未定，自失而走。壺子曰：「追之。」

列子追之不及。反，以報壺子曰：「已滅矣，已失矣，吾弗及已。」

壺子曰：「鄉吾示之以未始出吾宗。吾與之虛而委蛇，不知其誰何，因以為弟靡，因以為波流，故逃也。

然後列子自以為未始學而歸。三年不出，為其妻爨，食豕如食人。於事无與親。彫琢復朴，塊然獨以其形立。紛而封哉，一以是終。

无為名尸，无為謀府；无為事任，无為知主。體盡无窮，而遊无朕；盡其所受乎天，而无見得，亦虛而已。至人之用心若鏡，不將不迎，應而不藏，故能勝物而不傷。

南海之帝為儵，北海之帝為忽，中央之帝為渾沌。儵與忽時相與遇於渾沌之地，渾沌待之甚善。儵與忽謀報渾沌之德，曰：「人皆有七竅 以視聽食息，此獨无有，嘗試鑿之。」日鑿一竅，七日而渾沌死。

外篇

駢拇第八

駢拇枝指，出乎性哉！而侈於德。附贅縣疣，出乎形哉！而侈於性。多方乎仁義而用之者，列於五藏哉！而非道德之正也。是故駢於足者，連无用之肉也；枝於手者，樹无用之指也；多方駢枝於五藏之情者，淫僻於仁義之行，而多方於聰明之用也。

是故駢於明者，亂五色，淫文章，青黃黼黻之煌煌非乎？而離朱是已。多於聰者，亂五聲，淫六律，金石絲竹黃鐘大呂之聲非乎？而師曠是已。枝於仁者，擢德塞性以收名聲，使天下簧鼓以奉不及之法非乎？而曾、史是已。駢於辯者，纍瓦結繩竄句，遊心於堅白同異之閒，而敝跬譽無用之言非乎？而楊墨是已。故此皆多駢旁枝之道，非天下之至正也。

彼正正者，不失其性命之情。故合者不為駢，而枝者不為跂；長者不為有餘，短者不為不足。是故鳧脛雖短，續之則憂；鶴脛雖長，斷之則悲。故性長非所斷，性短非所續，無所去憂也。意仁義其非人情乎！彼仁人何其多憂也？

且夫駢於拇者，決之則泣；枝於手者，齕之則啼。二者，或有餘於數，或不足於數，其於憂一也。今世之仁人，蒿目而憂世之患；不仁之人，決性命之情而饕貴富。故意仁義其非人情乎！自三代以下者，天下何其囂囂也？

且夫待鉤繩規矩而正者，是削其性者也；待繩約膠漆而固者，是侵其德者也；屈折禮樂，呴俞仁義，以慰天下之心者，此失其常然也。天下有常然。常然者，曲者不以鉤，直者不以繩，圓者不以規，方者不以矩，附離不以膠漆，約束不以纆索。故天下誘然皆生而不知其所以生，同焉皆得而不知其所以得。

故古今不二，不可虧也。則仁義又奚連連如膠漆纆索而遊乎道德之間為哉，使天下惑也！

夫小惑易方，大惑易性。何以知其然邪？自虞氏招仁義以撓天下也，天下莫不奔命於仁義，是非以仁義易其性與？故嘗試論之，自三代以下者，天下莫不以物易其性矣。小人則以身殉利，士則以身殉名，大夫則以身殉家，聖人則以身殉天下。故此數子者，事業不同，名聲異號，其於傷性以身為殉，一也。臧與穀，二人相與牧羊而俱亡其羊。問臧奚事，則挾筴讀書；問穀奚事，則博塞以遊。二人者，事業不同，其於亡羊均也。伯夷死名於首陽之下，盜跖死利於東陵之上。二人者，所死不同，其於殘生傷性均也。奚必伯夷之是而盜跖之非乎？天下盡殉也。彼其所殉仁義也，則俗謂之君子；其所殉貨財也，則俗謂之小人。其殉一也，則有君子焉，有小人焉。若其殘生損性，則盜跖亦伯夷已，又惡取君子小人於其間哉！

且夫屬其性乎仁義者，雖通如曾、史，非吾所謂臧也；屬其性於五味，雖通如俞兒，非吾所謂臧也；屬其性乎五聲，雖通如師曠，非吾所謂聰也；屬其性乎五色，雖通如離朱，非吾所謂明也。吾所謂臧者，非仁義之謂也，臧於其德而已矣；吾所謂臧者，非所謂仁義之謂也，任其性命之情而已矣；吾所謂聰者，非謂其聞彼也，自聞而已矣；吾所謂明者，非謂其見彼也，自見而已矣。夫不自見而見彼，不自得而得彼者，是得人之得而不自得其得者也，適人之適而不自適其適者也。夫適人之適而不自適其適，雖盜跖與伯夷，是同為淫僻也。余愧乎道德，是以上不敢為仁義之操，而下不敢為淫僻之行也。

馬蹄第九

馬，蹄可以踐霜雪，毛可以禦風寒。齕草飲水，翹足而陸，此馬之真性也。雖有義臺路寢，無所用之。及至伯樂，曰：

「我善治馬。」燒之，剔之，刻之，雒之。連之以羈馽，編之以皁棧，馬之死者十二三矣；飢之，渴之，馳之，驟之，整之，齊之，前有橛飾之患，而後有鞭筴之威，而馬之死者已過半矣。陶者曰：「我善治埴，圓者中規，方者中矩。」匠人曰：「我善治木，曲者中鉤，直者應繩。」夫埴木之性，豈欲中規矩鉤繩哉？然且世世稱之曰「伯樂善治馬而陶匠善治埴木」，此亦治天下者之過也。

吾意善治天下者不然。彼民有常性，織而衣，耕而食，是謂同德；一而不黨，命曰天放。故至德之世，其行填填，其視顛顛。當是時也，山无蹊隧，澤無舟梁；萬物羣生，連屬其鄉；禽獸成羣，草木遂長。是故禽獸可係羈而游，鳥鵲之巢可攀援而闚。

夫至德之世，同與禽獸居，族與萬物並。惡乎知君子小人哉！同乎无知，其德不離；同乎无欲，是謂素樸。素樸而民性得矣。及至聖人，蹩躠為仁，踶跂為義，而天下始疑矣。澶漫為樂，摘僻為禮，而天下始分矣。故純樸不殘，孰為犧尊！白玉不毀，孰為珪璋！道德不廢，安取仁義！性情不離，安用禮樂！五色不亂，孰為文采！五聲不亂，孰應六律！夫殘樸以為器，工匠之罪也；毀道德以為仁義，聖人之過也。

夫馬，陸居則食草飲水，喜則交頸相靡，怒則分背相踶。馬知已此矣。夫加之以衡扼，齊之以月題，而馬知介倪闉扼鷙曼詭銜竊轡。故馬之知而態至盜者，伯樂之罪也。

夫赫胥氏之時，民居不知所為，行不知所之，含哺而熙，鼓腹而遊，民能以此矣。及至聖人，屈折禮樂以匡天下之形，縣跂仁義以慰天下之心，而民乃始踶跂好知，爭歸於利，不可止也。此亦聖人之過也。

胠篋第十

　　將為胠篋探囊發匱之盜而為守備，則必攝緘縢，固扃鐍，此世俗之所謂知也。然而巨盜至，則負匱揭篋擔囊而趨，唯恐緘縢扃鐍之不固也。然則鄉之所謂知者，不乃為大盜積者也？

　　故嘗試論之，世俗之所謂知者，有不為大盜積者乎？所謂聖者，有不為大盜守者乎？何以知其然邪？昔者齊國鄰邑相望，雞犬之音相聞，罔罟之所布，耒耨之所刺，方二千餘里。闔四竟之內，所以立宗廟社稷，治邑屋州閭鄉曲者，曷嘗不法聖人哉！然而田成子一旦殺齊君而盜其國，所盜者豈獨其國邪？並與其聖知之法而盜之，故田成子有乎盜賊之名，而身處堯舜之安。小國不敢非，大國不敢誅，十二世有齊國。則是不乃竊齊國，並與其聖知之法以守其盜賊之身乎？

　　嘗試論之，世俗之所謂至知者，有不為大盜積者乎？所謂至聖者，有不為大盜守者乎？何以知其然邪？昔者龍逢斬，比干剖，萇弘胣，子胥靡，故四子之賢而身不免乎戮。故跖之徒問跖曰：「盜亦有道乎？」跖曰：「何適而无有道邪？夫妄意室中之藏，聖也；入先，勇也；出後，義也；知可否，知也；分均，仁也。五者不備而能成大盜者，天下未之有也。」由是觀之，善人不得聖人之道不立，跖不得聖人之道不行。天下之善人少而不善人多，則聖人之利天下也少而害天下也多。故曰，脣竭則齒寒，魯酒薄而邯鄲圍，聖人生而大盜起。掊擊聖人，縱舍盜賊，而天下始治矣。夫川竭而谷虛，丘夷而淵實。聖人已死，則大盜不起，天下平而无故矣！

　　聖人不死，大盜不止。雖重聖人而治天下，則是重利盜跖也。為之斗斛以量之，則並與斗斛而竊之；為之權衡以稱之，則並與權衡而竊之；為之符璽以信之，則並與符璽而竊之；為之仁義以矯之，則並與仁義而竊之。何以知其然邪？彼竊鉤者

誅，竊國者為諸侯，諸侯之門而仁義存焉，則是非竊仁義聖知邪？故逐於大盜，揭諸侯，竊仁義並斗斛權衡符璽之利者，雖有軒冕之賞弗能勸，斧鉞之威弗能禁。此重利盜跖而使不禁者，是乃聖人之過也。

故曰：「魚不可脫於淵，國之利器不可以示人。」彼聖人者，天下之利器也，非所以明天下也。故絕聖棄知，大盜乃止；擿玉毀珠，小盜不起；焚符破璽，而民樸鄙；掊斗折衡，而民不爭；殫殘天下之聖法，而民始可與論議；擢亂六律，鑠絕竽瑟，塞瞽曠之耳，而天下始人含其聰矣；滅文章，散五采，膠離朱之目，而天下始人含其明矣。毀絕鉤繩而棄規矩，攦工倕之指，而天下始人有其巧矣。故曰「大巧若拙」。削曾史之行，鉗楊墨之口，攘棄仁義，而天下之德始玄同矣。彼人含其明，則天下不鑠矣；人含其聰，則天下不累矣；人含其知，則天下不惑矣；人含其德，則天下不僻矣。彼曾、史、楊、墨、師曠、工倕、離朱，皆外立其德而以燿亂天下者也，法之所无用也。

子獨不知至德之世乎？昔者容成氏、大庭氏、伯皇氏、中央氏、栗陸氏、驪畜氏、軒轅氏、赫胥氏、尊盧氏、祝融氏、伏犧氏、神農氏，當是時也，民結繩而用之，甘其食，美其服，樂其俗，安其居，鄰國相望，雞狗之音相聞，民至老死而不相往來。若此之時，則至治已。今遂至使民延頸舉踵曰，「某所有賢者」，贏糧而趣之，則內棄其親而外去其主之事，足跡接乎諸侯之境，車軌結乎千里之外。則是上好知(也)[之]過也。

上誠好知而无道，則天下大亂矣。何以知其然邪？夫弓弩畢弋機變之知多，則鳥亂於上矣；鉤餌罔罟罾笱之知多，則魚亂於水矣；削格羅落罝罘之知多，則獸亂於澤矣；知詐漸毒、頡滑堅白、解垢同異之變多，則俗惑於辯矣。故天下每每大亂，罪在於好知。故天下皆知求其所不知而莫知求其所已知者，皆

知非其所不善而莫知非其所已善者，是以大亂。故上悖日月之明，下爍山川之精，中墮四時之施，惴耎之蟲，肖翹之物，莫不失其性。甚矣，夫好知之亂天下也！自三代以下者是已，舍夫種種之民而悅夫役役之佞，釋夫恬淡无為而悅夫啍啍之意，啍啍已亂天下矣！

在宥第十一

聞在宥天下，不聞治天下也。在之也者，恐天下之淫其性也；宥之也者，恐天下之遷其德。天下不淫其性，不遷其德，有治天下者哉！昔堯之治天下也，使天下欣欣焉人樂其性，是不恬也；桀之治天下也，使天下瘁瘁焉人苦其性，是不愉也。夫不恬不愉。非德也。非德也而可長久者，天下无之。

人大喜邪？毗於陽；大怒邪？毗於陰。陰陽並毗，田時不至，寒暑之和不成，其反傷人之形乎！使人喜怒失位，居處无常，思慮不自得，中道不成章，於是乎天下始喬詰卓鷙，而後有盜跖曾史之行。故舉天下以賞其善者不足，舉天下以罰其惡者不給，故天下之大不足以賞罰。自三代以下者，匈匈焉終以賞罰為事，彼何暇安其性命之情哉！

而且說明邪？是淫於色也；說聰邪？是淫於聲也；說仁邪？是亂於德也；說義邪？是悖於理也；說禮邪？是相於技也；說樂(也)[邪]？是相於淫也；說聖邪？是相於藝也；說知邪？是相於疵也。天下將安其性命之情，之八者，存可也，亡可也；天下將不安其性命之情，之八者，乃始臠卷獊囊而亂天下也。而天下乃始尊之惜之。甚矣天下之惑也！豈直過也而去之邪！乃齊戒以言之，跪坐以進之，鼓歌以儛之。吾若是何哉！

故君子不得已而臨蒞天下，莫若无為。无為也而後安其性命之情。故貴以身於為天下，則可以託天下；愛以身於為天下，

則可以寄天下。故君子苟能无解其五藏，无擢其聰明；尸居而龍見，淵默而雷聲，神動而天隨，從容无為而萬物炊累焉。吾又何暇治天下哉！

崔瞿問於老聃曰：「不治天下，安藏人心？」

老聃曰：「女慎無攖人心。人心排下而進上，上下囚殺，淖約柔乎剛彊，廉劌彫琢，其熱焦火，其寒凝冰。其疾俯仰之間而再撫四海之外，其居也淵而靜，其動也縣而天。僨驕而不可係者，其唯人心乎！

昔者黃帝始以仁義攖人之心，堯舜於是乎股無胈，脛無毛，以養天下之形，愁其五藏以為仁義，矜其血氣以規法度。然猶有不勝也，堯於是放讙兜於崇山，投三苗於三峗，流共工於幽都，此不勝天下也。夫施及三王而天下大駭矣。下有桀跖，上有曾史，而儒墨畢起。於是乎喜怒相疑，愚知相欺，善否相非，誕信相譏，而天下衰矣；大德不同，而性命爛漫矣；天下好知，而百姓求竭矣。於是乎斤鋸制焉，繩墨殺焉，椎鑿決焉。天下脊脊大亂，罪在攖人心。故賢者伏處大山嵁巖之下，而萬乘之君憂慄乎廟堂之上。

今世殊死者相枕也，桁楊者相推也，形戮者相望也，而儒墨乃始離跂攘臂乎桎梏之間。意，甚矣哉！其無愧而不知恥也甚矣！吾未知聖知之不為桁楊椄槢也，仁義之不為桎梏鑿枘也，焉知曾史之不為桀跖嚆矢也！故曰『絕聖棄知而天下大治。』

黃帝立為天子十九年，令行天下，聞廣成子在於空同之(上)[山]，故往見之，曰：「我聞吾子達於至道，敢問至道之精。吾欲取天地之精，以佐五穀，以養民人，吾又欲官陰陽，以遂羣生，為之奈何？」

廣成子曰：「而所欲問者，物之質也；而所欲官者，物之

殘也。自而治天下，雲氣不待族而雨，草木不待黃而落，日月之光益以荒矣。而佞人之心翦翦者，又奚足以語至道！」

黃帝退，捐天下，築特室，席白茅，閒居三月，復往邀之。

廣成子南首而臥，黃帝順下風膝行而進，再拜稽首而問曰：「聞吾子達於至道，敢問，治身奈何而可以長久？」廣成子蹶然而起，曰：「善哉問乎！來！吾語女至道。至道之精，窈窈冥冥；至道之極，昏昏默默。无視无聽，抱神以靜，形將自正。必靜必清，无勞女形，无搖女精，乃可以長生。目无所見，耳无所聞，心无所知，女神將守形，形乃長生。慎女內，閉女外，多知為敗。我為女遂於大明之上矣，至彼至陽之原也；為女入於窈冥之門矣，至彼至陰之原也。天地有官，陰陽有藏。慎守女身，物將自壯。我守其一以處其和。故我修身千二百歲矣，吾形未常衰。

黃帝再拜稽首曰：「廣成子之謂天矣！」

廣成子曰：「來！余語女。彼其物无窮，而人皆以為有終；彼其物无測，而人皆以為有極。得吾道者，上為皇而下為王；失吾道者，上見光而下為土。今夫百昌皆生於土而反於土，故余將去女，入无窮之門，以遊无極之野。吾與日月參光，吾與天地為常。當我，緡乎！遠我，昏乎！人其盡死，而我獨存乎！」

雲將東遊，過扶搖之枝而適遭鴻蒙。鴻蒙方將拊脾雀躍而遊。雲將見之，倘然止，贄然立，曰：「叟何人邪？叟何為此？」

鴻蒙拊脾雀躍不輟，對雲將曰：「遊！」

雲將曰：「朕願有問也。」

鴻蒙仰而視雲將曰：「吁！」

雲將曰：「天氣不和，地氣鬱結，六氣不調，四時不節。今我願合六氣之精以育羣生，為之奈何？」

鴻蒙拊脾雀躍掉頭曰：「吾弗知！吾弗知！」

雲將不得問。又三年，東遊，過有宋之野而適遭鴻蒙。雲將大喜，行趨而進曰：「天忘朕邪？天忘朕邪？」再拜稽首，願聞於鴻蒙。

鴻蒙曰：「浮遊，不知所求；猖狂，不知所往；遊者鞅掌，以觀无妄。朕又何知！」

雲將曰：「朕也自以為猖狂，而民隨予所往；朕也不得已於民，今則民之放也！願聞一言。」

鴻蒙曰：「亂天之經，逆物之情，玄天弗成；解獸之羣，而鳥皆夜鳴；災及草木，禍及止蟲。意，治人之過也！」

雲將曰：「然則吾奈何？」

鴻蒙曰：「意，毒哉！僊僊乎歸矣！」

雲將曰：「吾遇天難，願聞一言。」

鴻蒙曰：「意！心養。汝徒處无為，而物自化。墮爾形體，吐爾聰明，倫與物忘，大同乎涬溟，解心釋神，莫然无魂。萬物云云，各復其根，各復其根而不知；渾渾沌沌，終身不離；若彼知之，乃是離之。无問其名，无窺其情，物固自生。」

雲將曰：「天降朕以德，示朕以默。躬身求之，乃今得也。」再拜稽首，起辭而行。

世俗之人，皆喜人之同乎己而惡人之異於己也。同於己而欲之，異於己而不欲者，以出乎眾為心也。夫以出乎眾為心者，

曷常出乎眾哉！因眾以寧所聞，不如眾技眾矣。而欲為人之國者，此攬乎三王之利而不見其患者也。此以人之國僥倖也，幾何僥倖而不喪人之國乎！其存人之國也，無萬分之一；而喪人之國也，一不成而萬有餘喪矣。悲夫，有土者之不知也！

夫有土者，有大物也。有大物者，不可以物。物而不物，故能物物。明乎物物者之非物也，豈獨治天下百姓而已哉！出入六合，遊乎九州，獨往獨來，是謂獨有。獨有之人，是謂至貴。

大人之教，若形之於影，聲之於響。有問而應之，盡其所懷，為天下配。處乎无響，行乎无方。挈汝適復之撓撓，以遊无端，出入无旁，與日无始；頌論形軀，合乎大同，大同而无己。無己，惡乎得有有！覩有者，昔之君子；覩無者，天地之友。

賤而不可不任者，物也；卑而不可不因者，民也；匿而不可不為者，事也；麤而不可不陳者，法也；遠而不可不居者，義也；親而不可不廣者，仁也；節而不可不積者，禮也；中而不可不高者，德也；一而不可不易者，道也；神而不可不為者，天也。故聖人觀於天而不助，成於德而不累，出於道而不謀，會於仁而不恃，薄於義而不積，應於禮而不諱，接於事而不辭，齊於法而不亂，恃於民而不輕，因於物而不去。物者莫足為也，而不可不為。不明於天者，不純於德；不通於道者，無自而可；不明於道者，悲夫！

何謂道？有天道，有人道。无為而尊者，天道也；有為而累者，人道也。主者，天道也；臣者，人道也。天道之與人道也，相去遠矣，不可不察也。

天地第十二

　　天地雖大，其化均也；萬物雖多，其治一也；人卒雖衆，其主君也。君原於德而成於天。故曰，玄古之君天下，无為也，天德而已矣。

　　以道觀言而天下之君正，以道觀分而君臣之義明，以道觀能而天下之官治，以道汎觀而萬物之應備。故通於天地者，德也；行於萬物者，道也；上治人者，事也；能有所藝者，技也。技兼於事，事兼於義，義兼於德，德兼於道，道兼於天。故曰，古之畜天下者，无欲而天下足，无為而萬物化，淵靜而百姓定。《記》曰：「通於一而萬事畢，无心得而鬼神服。」

　　夫子曰：「夫道，覆載萬物者也，洋洋乎大哉！君子不可以不刳心焉。无為為之之謂天，无為言之之謂德，愛人利物之謂仁，不同同之之謂大，行不崖異之謂寬，有萬不同之謂富。故執德之謂紀，德成之謂立，循於道之謂備，不以物挫志之謂完。君子明於此十者，則韜乎其事心之大也，沛乎其為萬物逝也。若然者，藏金於山，藏珠於淵；不利貨財，不近貴富；不樂壽，不哀夭；不榮通，不醜窮；不拘一世之利以為己私分，不以王天下為己處顯。顯則明，萬物一府，死生同狀。」

　　夫子曰：「夫道，淵乎其居也，漻乎其清也。金石不得，无以鳴。故金石有聲，不考不鳴。萬物孰能定之！夫王德之人，素逝而恥通於事，立之本原而知通於神。故其德廣。其心之出，有物採之。故形非道不生，生非德不明。存形窮生，立德明道，非王德者邪！蕩蕩乎！忽然出，勃然動，而萬物從之乎！此謂王德之人。視乎冥冥，聽乎无聲。冥冥之中，獨見曉焉；无聲之中，獨聞和焉。故深之又深而能物焉；神之又神而能精焉。故其與萬物接也，至无而供其求，時騁而要其宿，大小、長短、脩遠。」

黃帝遊乎赤水之北，登乎崑崙之丘而南望，還歸，遺其玄珠。使知索之而不得，使離朱索之而不得，使喫詬索之而不得也。乃使象罔，象罔得之。黃帝曰：「異哉，象罔乃可以得之乎？」

堯之師曰許由，許由之師曰齧缺，齧缺之師曰王倪，王倪之師曰被衣。

堯問於許由曰：「齧缺可以配天乎？吾藉王倪以要之。」

許由曰：「殆哉圾乎天下！齧缺之為人也，聰明睿知，給數以敏，其性過人，而又乃以人受天。彼審乎禁過，而不知過之所由生。與之配天乎？彼且乘人而無天，方且本身而異形，方且尊知而火馳，方且為緒使，方且為物絯，方且四顧而物應，方且應眾宜，方且與物化而未始有恆。夫何足以配天乎？雖然，有族，有祖，可以為眾父，而不可以為眾父父。治，亂之率也，北面之禍也，南面之賊也。

堯觀乎華，華封人曰：「嘻，聖人！請祝聖人。」

「使聖人壽。」堯曰：「辭。」「使聖人富。」堯曰：「辭。」「使聖人多男子。」堯曰：「辭。」

封人曰：「壽，富，多男子，人之所欲也。女獨不欲，何邪？」

堯曰：「多男子則多懼，富則多事，壽則多辱。是三者，非所以養德也，故辭。」

封人曰：「始也我以女為聖人邪，今然君子也。天生萬民，必授之職。多男子而授之職，則何懼之有！富而使人分之，則何事之有！夫聖人，鶉居而鷇食，鳥行而无彰；天下有道，則與物皆昌；天下无道，則脩德就閒；千歲厭世，去而上僊；乘

彼白雲，至於帝鄉；三患莫至，身常无殃，則何辱之有！

封人去之，堯隨之，曰：「請問。」

封人曰：「退已！」

堯治天下，伯成子高立為諸侯。堯授舜，舜授禹，伯成子高辭為諸侯而耕。禹往見之，則耕在野。禹趨就下風，立而問焉，曰：「昔堯治天下，吾子立為諸侯。堯授舜，舜授予，而吾子辭為諸侯而耕。敢問，其故何也？」

子高曰：「昔堯治天下，不賞而民勸，不罰而民畏。今子賞罰而民且不仁，德自此衰，刑自此立，後世之亂自此始矣。夫子闔行邪？无落吾事！」俋俋乎耕而不顧。

泰初有无，无有无名。一之所起，有一而未形。物得以生，謂之德；未形者有分，且然无閒，謂之命；留動而生物，物成生理，謂之形；形體保神，各有儀則，謂之性；性脩反德，德至同於初。同乃虛，虛乃大。合喙鳴。喙鳴合，與天地為合。其合緡緡，若愚若昏，是謂玄德，同乎大順。

夫子問於老聃曰：「有人治道若相放，可不可，然不然。辯者有言曰：『離堅白，若縣寓。』若是則可謂聖人乎？」

老聃曰：「是胥易技係勞形怵心者也。執留之狗成思，猿狙之便自山林來。丘，予告若，而所不能聞與而所不能言。凡有首有趾无心无耳者眾，有形者與无形无狀而皆存者盡无。其動，止也；其死，生也；其廢，起也。此又非其所以也。有治在人，忘乎物，忘乎天，其名為忘己。忘己之人，是之謂入於天。」

將閭葂見季徹曰：「魯君謂葂也曰：『請受教。』辭不獲命。既已告矣，未知中否。請嘗薦之。吾謂魯君曰：『必服恭

儉，拔出公忠之屬而无阿私，民孰敢不輯！』」

季徹局局然笑曰：「若夫子之言，於帝王之德，猶螳蜋之怒臂以當車軼，則必不勝任矣！且若是，則其自為處危，其觀臺多，物將往，投迹者眾。」

蔣閭葂覤覤然驚曰：「葂也汒若於夫子之所言矣。雖然，願先生之言其風也。

季徹曰：「大聖之治天下也，搖蕩民心，使之成教易俗，舉滅其賊心而皆進其獨志。若性之自為，而民不知其所由然。若然者，豈兄堯舜之教民，溟涬然弟之哉？欲同乎德而心居矣！」

子貢南遊於楚，反於晉，過漢陰，見一丈人方將為圃畦，鑿隧而入井，抱甕而出灌，搰搰然用力甚多而見功寡。子貢曰：「有械於此，一日浸百畦，用力甚寡而見功多，夫子不欲乎？」

為圃者卬而視之曰：「柰何？」曰：「鑿木為機，後重前輕，挈水若抽，數如泆湯，其名為槔。」為圃者忿然作色而笑曰：「吾聞之吾師，有機械者必有機事，有機事者必有機心。機心存於胸中則純白不備；純白不備，則神生不定，神生不定者，道之所不載也。吾非不知，羞而不為也。」

子貢瞞然慙，俯而不對。

有閒，為圃者曰：「子奚為者邪？」

曰：「孔丘之徒也。」

為圃者曰：「子非夫博學以擬聖，於于以蓋眾，獨弦哀歌以賣名聲於天下者乎？汝方將忘汝神氣，墮汝形骸，而庶幾乎！而身之不能治，而何暇治天下乎！子往矣，无乏吾事。」

子貢卑陬失色，頊頊然不自得，行三十里而後愈。

其弟子曰：「向之人何為者邪？夫子何故見之變容失色，終日不自反邪？」

曰：「始吾以為天下一人耳，不知復有夫人也。吾聞之夫子，事求可，功求成，用力少，見功多者，聖人之道。今徒不然。執道者德全，德全者形全，形全者神全。神全者，聖人之道也。托生與民並行而不知其所之，汒乎淳備哉！功利機巧必忘夫人之心。若夫人者，非其志不之，非其心不為。雖以天下譽之，得其所謂，謷然不顧；以天下非之，失其所謂，儻然不受。天下之非譽，无益損焉，是謂全德之人哉！我之謂風波之民。」

反於魯，以告孔子。孔子曰：「彼假脩渾沌氏之術者也。識其一，不知其二；治其內，而不治其外。夫明白入素，无為復朴，體性抱神，以遊世俗之間者，汝將固驚邪？且渾沌之術，予與汝何足以識之哉！

諄芒將東之大壑，適遇苑風於東海之濱。苑風曰：「子將奚之？」

曰：「將之大壑。」

曰：「奚為焉？」

曰：「夫大壑之為物也，注焉而不滿，酌焉而不竭；吾將遊焉。」

苑風曰：「夫子无意於橫目之民乎？願聞聖治。」

諄芒曰：「聖治乎？官施而不失其宜，拔舉而不失其能，畢見其情事而行其所為，行言自為而天下化。手撓顧指，四方之民莫不俱至，此之謂聖治。」

「願聞德人。」

曰:「德人者,居无思,行无慮,不藏是非美惡。四海之內共利之之謂悅,共給之之謂安;怊乎若嬰兒之失其母也,儻乎若行而失其道也。財用有餘而不知其所自來,飲食取足而不知其所從,此謂德人之容。

「願聞神人。」

曰:「上神乘光,與形滅亡,是謂照曠。致命盡情,天地樂而萬事銷亡,萬物復情,此之謂混冥。」

門無鬼與赤張滿稽觀於武王之師,赤張滿稽曰:「不及有虞氏乎!故離此患也。」

門无鬼曰:「天下均治而有虞氏治之邪?其亂而後治之與?」

赤張滿稽曰:「天下均治之為願,而何計以有虞氏為!有虞氏之藥瘍也,禿而施髢,病而求醫。孝子操藥以脩慈父,其色燋然,聖人羞之。

至德之世,不尚賢,不使能,上如標枝,民如野鹿。端正而不知以為義,相愛而不知以為仁,實而不知以為忠,當而不知以為信,蠢動而相使,不以為賜。是故行而(為)[無]迹,事而無傳。

孝子不諛其親,忠臣不諂其君,臣子之盛也。親之所言而然,所行而善,則世俗謂之不肖子;君之所言而然,所行而善,則世俗謂之不肖臣。而未知此其必然邪?世俗之所謂然而然之,所謂善而善之,則不謂之道諛之人也!然則俗故嚴於親而尊於君邪?謂己道人,則勃然作色;謂己諛人,則怫然作色。而終身道人也,終身諛人也,合譬飾辭聚眾也,是終始本末不相坐。

50

垂衣裳，設采色，動容貌，以媚一世，而不自謂道諛；與夫人之為徒，通是非，而不自謂眾人，愚之至也。知其愚者，非大愚也；知其惑者，非大惑也。大惑者，終身不解；大愚者，終身不靈。三人行而一人惑，所適者猶可致也，惑者少也；二人惑則勞而不至，惑者勝也。而今也以天下惑，予雖有祈嚮，不可得也。不亦悲乎！

大聲不入於里耳，折楊皇荂，則嗑然而笑。是故高言不止於眾人之心；至言不出，俗言勝也。以二缶鐘惑，而所適不得矣。而今也以天下惑，予雖有祈嚮，其庸可得邪！知其不可得也而強之，又一惑也！故莫若釋之而不推。不推，誰其比憂！厲之人夜半生其子，遽取火而視之，汲汲然唯恐其似己也。

百年之木，破為犧尊，青黃而文之，其斷在溝中。比犧尊於溝中之斷，則美惡有間矣，其於失性一也。跖與曾史，行義有間矣，然其失性均也。且夫失性有五：一曰五色亂目，使目不明；二曰五聲亂耳，使耳不聰；三曰五臭薰鼻，困惾中顙；四曰五味濁口，使口厲爽；五曰趣舍滑心，使性飛揚。此五者，皆生之害也。而楊墨乃始離跂自以為得，非吾所謂得也。夫得者困，可以為得乎？則鳩鴞之在於籠也，亦可以為得矣。且夫趣舍聲色以柴其內，皮弁鷸冠搢笏紳修以約其外。內支盈於柴柵，外重纆繳，睆睆然在纆繳之中而自以為得，則是罪人交臂歷指而虎豹在於囊檻，亦可以為得矣。

天道第十三

天道運而无所積，故萬物成；帝道運而无所積，故天下歸；聖道運而无所積，故海內服。明於天，通於聖，六通四辟於帝王之德者，其自為也，昧然无不靜者矣！聖人之靜也，非曰靜也善，故靜也。萬物无足以鐃心者，故靜也。水靜則明燭鬚眉，平中準，大匠取法焉。水靜猶明，而況精神！聖人之心靜乎！

天地之鑑也，萬物之鏡也。夫虛靜恬淡寂漠无為者，天地之平而道德之至。故帝王聖人休焉。休則虛，虛則實，實則倫矣。虛則靜，靜則動，動則得矣。靜則无為，无為也則任事者責矣。无為則俞俞，俞俞者憂患不能處，年壽長矣。夫虛靜恬淡寂漠无為者，萬物之本也。明此以南鄉，堯之為君也；明此以北面，舜之為臣也。以此處上，帝王天子之德也；以此處下，玄聖素王之道也。以此退居而閒游江海，山林之士服；以此進為而撫世，則功大名顯而天下一也。靜而聖，動而王，无為也而尊，樸素而天下莫能與之爭美。夫明白於天地之德者，此之謂大本大宗，與天和者也。所以均調天下，與人和者也。與人和者，謂之人樂；與天和者，謂之天樂。

莊子曰：「吾師乎，吾師乎！𩅴物而不為戾，澤及萬世而不為仁，長於上古而不為壽，覆載天地、刻彫眾形而不為巧，此之謂天樂。故曰：知天樂者，其生也天行，其死也物化。靜而與陰同德，動而與陽同波。故知天樂者，无天怨，无人非，无物累，无鬼責。故曰：其動也天，其靜也地，一心定而王天下；其鬼不祟，其魂不疲，一心定而萬物服。言以虛靜推於天地，通於萬物，此之謂天樂。天樂者，聖人之心，以畜天下也。」

夫帝王之德，以天地為宗，以道德為主，以无為為常。无為也，則用天下而有餘；有為也，則為天下用而不足。故古之人貴夫无為也。上无為也，下亦无為也，是下與上同德。下與上同德則不臣。下有為也，上亦有為也，是上與下同道。上與下同道則不主。上必无為而用天下，下必有為為天下用。此不易之道也。故古之王天下者，知雖落天地，不自慮也；辯雖彫萬物，不自說也；能雖窮海內，不自為也。天不產而萬物化，地不長而萬物育，帝王无為而天下功。故曰：莫神於天，莫富

於地，莫大於帝王。故曰：帝王之德配天地。此乘天地，馳萬物，而用人羣之道也。

本在於上，末在於下；要在於主，詳在於臣。三軍五兵之運，德在末也；賞罰利害，五刑之辟，教之末也；禮法度數，形名比詳，治之末也；鐘鼓之音，羽旄之容，樂之末也；哭泣衰絰，隆殺之服，哀之末也。此五末者，須精神之運，心術之動，然後從之者也。

末學者，古人有之，而非所以先也。君先而臣從，父先而子從，兄先而弟從，長先而少從，男先而女從，夫先而婦從。夫尊卑先後，天地之行也，故聖人取象焉。天尊，地卑，神明之位也；春夏先，秋冬后，四時之序也。萬物化作，萌區有狀；盛衰之殺，變化之流也。夫天地至神，而有尊卑先後之序，而況人道乎！宗廟尚親，朝廷尚尊，鄉黨尚齒，行事尚賢，大道之序也。語道而非其序者，非其道也；語道而非其道者，安取道！

是故古之明大道者，先明天而道德次之，道德已明而仁義次之，仁義已明而分守次之，分守已明而形名次之，形名已明而因任次之，因任已明而原省次之，原省已明而是非次之，是非已明而賞罰次之。賞罰已明而愚知處宜，貴賤履位；仁賢不肖襲情，必分其能，必由其名。以此事上，以此畜下，以此治物，以此修身，知謀不用，必歸其天。此之謂大平，治之至也。

故書曰：「有形有名。」形名者，古人有之，而非所以先也。古之語大道者，五變而形名可舉，九變而賞罰可言也。驟而語形名，不知其本也；驟而語賞罰，不知其始也。倒道而言，迕道而說者，人之所治也，安能治人！驟而語形名賞罰，此有知治之具，非知治之道。可用於天下，不足以用天下，此之謂辯士，一曲之人也。禮法數度，形名比詳，古人有之。此下之

所以事上，非上之所以畜下也。

昔者舜問於堯曰：「天王之用心何如？」

堯曰：「吾不敖无告，不廢窮民，苦死者，嘉孺子而哀婦人，此吾所以用心已。」

舜曰：「美則美矣，而未大也。」

堯曰：「然則何如？」

舜曰：「天德而出寧，日月照而四時行，若晝夜之有經，雲行而雨施矣！」

堯曰：「膠膠擾擾乎！子，天之合也；我，人之合也。」

夫天地者，古之所大也，而黃帝堯舜之所共美也。故古之王天下者，奚為哉？天地而已矣。

孔子西藏書於周室，子路謀曰：「由聞周之徵藏史有老聃者，免而歸居，夫子欲藏書，則試往因焉。」

孔子曰：「善。」

往見老聃，而老聃不許，於是繙十二經以說。

老聃中其說，曰：「大謾，願聞其要。

孔子曰：「要在仁義。」

老聃曰：「請問：仁義，人之性邪？」

孔子曰：「然，君子不仁則不成，不義則不生。仁義，真人之性也，又將奚為矣？」

老聃曰：「請問：何謂仁義？」

孔子曰：「中心物愷，兼愛无私，此仁義之情也。」

老聃曰：「意，幾乎後言！夫兼愛，不亦迂乎！无私焉，乃私也。夫子若欲使天下无失其牧乎？則天地固有常矣，日月固有明矣，星辰固有列矣，禽獸固有羣矣，樹木固有立矣。夫子亦放德而行，遁道而趨，已至矣！又何偈偈乎揭仁義，若擊鼓而求亡子焉？意，夫子亂人之性也。」

士成綺見老子而問曰：「吾聞夫子聖人也，吾固不辭遠道而來願見，百舍重趼而不敢息。今吾觀子，非聖人也，鼠壤有餘蔬，而棄妹之者，不仁也！生熟不盡於前，而積斂无崖。」

老子漠然不應。

士成綺明日復見，曰：「昔者吾有刺於子，今吾心正卻矣，何故也？」

老子曰：「夫巧知神聖之人，吾自以為脫焉。昔者子呼我牛也而謂之牛，呼我馬也而謂之馬。苟有其實，人與之名而弗受，再受其殃。吾服也恆服，吾非以服有服。

士成綺鴈行避影，履行遂進而問：「修身若何。」

老子曰：「而容崖然，而目衝然，而顙頯然，而口闞然，而狀義然，似繫馬而止也。動而持，發也機，察而審，知巧而覩於泰，凡以為不信。邊竟有人焉，其名為竊。」

夫子曰：「夫道，於大不終，於小不遺，故萬物備。廣廣乎其无不容也，淵乎其不可測也。形德仁義，神之末也，非至人孰能定之！夫至人有世，不亦大乎！而不足以為之累。天下奮棟而不與之偕，審乎無假而不與利遷，極物之真，能守其本，故外天地，遺萬物，而神未嘗有所困也。通乎道，合乎德，通仁義，賓禮樂，至人之心有所定矣。」

世之所貴道者，書也。書不過語，語有貴也。語之所貴者，

意也，意有所隨。意之所隨者，不可以言傳也，而世因貴言傳書。世雖貴之，我猶不足貴也，為其貴非其貴也。故視而可見者，形與色也；聽而可聞者，名與聲也。悲夫，世人以形色名聲為足以得彼之情！夫形色名聲果不足以得彼之情，則知者不言，言者不知，而世豈識之哉！

桓公讀書於堂上，輪扁斲輪於堂下，釋椎鑿而上，問桓公曰：「敢問：公之所讀者何言邪？」

公曰：「聖人之言也。」

曰：「聖人在乎？」

公曰：「已死矣。」

曰：「然則君之所讀者，古人之糟粕已夫！」

桓公曰：「寡人讀書，輪人安得議乎！有說則可，无說則死！

輪扁曰：「臣也以臣之事觀之。斲輪，徐則甘而不固，疾則苦而不入。不徐不疾，得之於手而應於心，口不能言，有數存焉於其間。臣不能以喻臣之子，臣之子亦不能受之於臣，是以行年七十而老斲輪。古之人與其不可傳也死矣，然則君之所讀者，古人之糟魄已夫！

天運第十四

「天其運乎？地其處乎？日月其爭於所乎？孰主張是？孰維綱是？孰居无事推而行是？意者其有機緘而不得已邪？意者其運轉而不能自止邪？雲者為雨乎？雨者為雲乎？孰隆施是？孰居无事淫樂而勸是？風起北方，一西一東，有上彷徨。孰噓吸是？孰居无事而披拂是？敢問何故？」

巫咸袑曰：「來，吾語女。天有六極五常，帝王順之則治，

56

逆之則凶。九洛之事，治成德備，監照下土，天下戴之，此謂上皇。

商大宰蕩問仁於莊子。莊子曰：「虎狼，仁也。」

曰：「何謂也？」

莊子曰：「父子相親，何為不仁？」

曰：「請問至仁。」

莊子曰：「至仁無親。」

大宰曰：「蕩聞之，無親則不愛，不愛則不孝。謂至仁不孝，可乎？」

莊子曰：「不然，夫至仁尚矣，孝固不足以言之。此非過孝之言也，不及孝之言也。夫南行者至於郢，北面而不見冥山，是何也？則去之遠也。故曰：以敬孝易，以愛孝難；以愛孝易，以忘親難；忘親易，使親忘我難；使親忘我易，兼忘天下難；兼忘天下易，使天下兼忘我難。夫德遺堯舜而不為也，利澤施於萬世，天下莫知也，豈直大息而言仁孝乎哉！夫孝悌仁義，忠信貞廉，此皆自勉以役其德者也，不足多也。故曰，至貴，國爵并焉；至富，國財并焉；至願，名譽并焉。是以道不渝。」

北門成問於黃帝曰：「帝張咸池之樂於洞庭之野，吾始聞之懼，復聞之怠，卒聞之而惑；蕩蕩默默，乃不自得。」

帝曰：「汝殆其然哉！吾奏之以人，徵之以天，行之以禮義，建之以大清。夫至樂者，先應之以人事，順之以天理，行之以五德，應之以自然，然後調理四時，太和萬物。四時迭起，萬物循生；一盛一衰，文武倫經；一清一濁，陰陽調和，流光其聲；蟄蟲始作，吾驚之以雷霆；其卒无尾，其始无首；一死

一生，一僨一起；所常无窮，而一不可待。汝故懼也。

吾又奏之以陰陽之和，燭之以日月之明；其聲能短能長，能柔能剛；變化齊一，不主故常；在谷滿谷，在阬滿阬；塗卻守神，以物為量。其聲揮綽，其名高明。是故鬼神守其幽，日月星辰行其紀。吾止之於有窮，流之於无止。予欲慮之而不能知也，望之而不能見也，逐之而不能及也；儻然立於四虛之道，倚於槁梧而吟。目知窮乎所欲見，力屈乎所欲逐，吾既不及已夫！形充空虛，乃至委蛇。汝委蛇，故怠。

吾又奏之以无怠之聲，調之以自然之命，故若混逐叢生，林樂而无形；布揮而不曳，幽昏而无聲。動於无方，居於窈冥；或謂之死，或謂之生；或謂之實，或謂之榮；行流散徙，不主常聲。世疑之，稽於聖人。聖也者，達於情而遂於命也。天機不張而五官皆備。此之謂天樂，无言而心說。故有焱氏為之頌曰：『聽之不聞其聲，視之不見其形，充滿天地，苞裹六極。』汝欲聽之而无接焉，而故惑也。

樂也者，始於懼，懼故祟；吾又次之以怠，怠故遁；卒之於惑，惑故愚；愚故道，道可載而與之俱也。」

孔子西遊於衛，顏淵問師金曰：「以夫子之行為奚如？」

師金曰：「惜乎！而夫子其窮哉！」

顏淵曰：「何也？」

師金曰：「夫芻狗之未陳也，盛以篋衍，巾以文繡，尸祝齊戒以將之。及其已陳也，行者踐其首脊，蘇者取而爨之而已；將復取而盛以篋衍，巾以文繡，遊居寢臥其下，彼不得夢，必且數眯焉。今而夫子，亦取先王已陳芻狗，聚弟子游居寢臥其下。故伐樹於宋，削迹於衛，窮於商周，是非其夢邪？圍於陳蔡之間，七日不火食，死生相與鄰，是非其眯邪？

夫水行莫如用舟，而陸行莫如用車。以舟之可行於水也而求推之於陸，則沒世不行尋常。古今非水陸與？周魯非舟車與？今蘄行周於魯，是猶推舟於陸也，勞而无功，身必有殃。彼未知夫无方之傳，應物而不窮者也。

且子獨不見夫桔槔者乎？引之則俯，舍之則仰。彼，人之所引，非引人也。故俯仰而不得罪於人。故夫三皇五帝之禮義法度，不矜於同而矜於治。故譬三皇五帝之禮義法度，其猶柤梨橘柚邪！其味相反而皆可於口。

故禮義法度者，應時而變者也。今取猨狙而衣以周公之服，彼必齕齧挽裂，盡去而後慊。觀古今之異，猶猨狙之異乎周公也。故西施病心而矉其里，其里之醜人見之而美之，歸亦捧心而矉其里。其里之富人見之，堅閉門而不出，貧人見之，挈妻子而去走。彼知矉美而不知矉之所以美。惜乎，而夫子其窮哉！」

孔子行年五十有一而不聞道，乃南之沛見老聃。

老聃曰：「子來乎？吾聞子，北方之賢者也！子亦得道乎？」孔子曰：「未得也。」

老子曰：「子惡乎求之哉？」

曰：「吾求之於度數，五年而未得也。」

老子曰：「子又惡乎求之哉？」

曰：「吾求之於陰陽，十有二年而未得也。」

老子曰：「然，使道而可獻，則人莫不獻之於其君；使道而可進，則人莫不進之於其親；使道而可以告人，則人莫不告其兄弟；使道而可以與人，則人莫不與其子孫。然而不可者，无佗也，中无主而不止，外无正而不行。由中出者，不受於外，

聖人不出；由外入者，無主於中，聖人不隱。名，公器也，不可多取。仁義，先王之蘧廬也，止可以一宿而不可久處，覯而多責。

古之至人，假道於仁，託宿於義，以遊逍遙之虛，食於苟簡之田，立於不貸之圃。逍遙，无為也；苟簡，易養也；不貸，无出也。古者謂是采真之遊。

以富為是者，不能讓祿；以顯為是者，不能讓名。親權者，不能與人柄，操之則慄，舍之則悲，而一無所鑒，以闚其所不休者，是天之戮民也。怨恩取與諫教生殺，八者，正之器也，唯循大變无所湮者為能用之。故曰，正者，正也。其心以為不然者，天門弗開矣。」

孔子見老聃而語仁義。老聃曰：「夫播穅眯目，則天地四方易位矣；蚊虻噆膚，則通昔不寐矣。夫仁義憯然乃憤吾心，亂莫大焉。吾子使天下无失其朴，吾子亦放風而動，總德而立矣，又奚傑然若負建鼓而求亡子者邪？夫鵠不日浴而白，烏不日黔而黑。黑白之朴，不足以為辯；名譽之觀，不足以為廣。泉涸，魚相與處於陸，相呴以溼，相濡以沫，不若相忘於江湖！

孔子見老聃歸，三日不談。弟子問曰：「夫子見老聃，亦將何規哉？」

孔子曰：「吾乃今於是乎見龍！龍，合而成體，散而成章，乘雲氣而養乎陰陽。予口張而不能嗋。予又何規老聃哉？」

子貢曰：「然則人固有尸居而龍見，雷聲而淵默，發動如天地者乎？賜亦可得而觀乎？」遂以孔子聲見老聃。

老聃方將倨堂而應，微曰：「予年運而往矣，子將何以戒我乎？」

子貢曰：「夫三王五帝之治天下不同，其係聲名一也。而先生獨以為非聖人，如何哉？」

老聃曰：「小子少進！子何以謂不同？」

對曰：「堯授舜，舜授禹，禹用力而湯用兵，文王順紂而不敢逆，武王逆紂而不肯順，故曰不同。」

老聃曰：「小子少進，余語汝三皇五帝之治天下。黃帝之治天下，使民心一，民有其親死不哭而民不非也。堯之治天下，使民心親。民有為其親殺其殺而民不非也。舜之治天下，使民心競，民孕婦十月生子，子生五月而能言，不至乎孩而始誰，則人始有夭矣。禹之治天下，使民心變，人有心而兵有順，殺盜非殺，人自為種而天下耳，是以天下大駭，儒墨皆起。其作始有倫，而今乎婦女，何言哉！余語汝，三皇五帝之治天下，名曰治之，而亂莫甚焉。三皇之知，上悖日月之明，下暌山川之精，中墮四時之施。其知憯於☒之尾，鮮規之獸，莫得安其性命之情者，而猶自以為聖人，不可恥乎？其无恥也？」

子貢蹴蹴然立不安。

孔子謂老聃曰：「丘治《詩》、《書》、《禮》、《樂》、《易》、《春秋》六經，自以為久矣，孰知其故矣，以奸者七十二君，論先王之道而明周召之迹，一君无所鉤用。甚矣夫！人之難說也，道之難明邪？

老子曰：「幸矣子之不遇治世之君也！夫六經，先王之陳迹也，豈其所以迹哉！今子之所言，猶迹也。夫迹，履之所出，而迹豈履哉！夫白鶂之相視，眸子不運而風化；蟲，雄鳴於上風，雌應於下風而風化；類自為雌雄，故風化。性不可易，命不可變，時不可止，道不可壅。苟得於道，无自而不可；失焉者，无自而可。

孔子不出三月，復見，曰：「丘得之矣。烏鵲孺，魚傅沫，細要者化，有弟而兄啼。久矣夫丘不與化為人！不與化為人，安能化人！」

老子曰：「可，丘得之矣！」

刻意第十五

刻意尚行，離世異俗，高論怨誹，為亢而已矣；此山谷之士，非世之人，枯槁赴淵者之所好也。語仁義忠信，恭儉推讓，為修而已矣；此平世之士，教誨之人，遊居學者之所好也。語大功，立大名，禮君臣，正上下，為治而已矣；此朝廷之士，尊主強國之人，致功并兼者之所好也。就藪澤，處閒曠，釣魚閒處，无為而已矣；此江海之士，避世之人，閒暇者之所好也。吹呴呼吸，吐故納新，熊經鳥申，為壽而已矣；此道引之士，養形之人，彭祖壽考者之所好也。

若夫不刻意而高，无仁義而修，无功名而治，无江海而閒，不道引而壽，无不忘也，无不有也，澹然无極而眾美從之。此天地之道，聖人之德也。

故曰，夫恬淡寂漠虛无无為，此天地之平而道德之質也。故曰，聖人休休焉則平易矣，平易則恬淡矣。平易恬淡，則憂患不能入，邪氣不能襲，故其德全而神不虧。

故曰，聖人之生也天行，其死也物化；靜而與陰同德，動而與陽同波；不為福先，不為禍始；感而後應，迫而後動，不得已而後起。去知與故，遁天之理。故无天災，无物累，无人非，无鬼責。其生若浮，其死若休。不思慮，不豫謀。光矣而不耀，信矣而不期。其寢不夢，其覺无憂。其神純粹，其魂不罷。虛无恬惔，乃合天德。

故曰，悲樂者，德之邪；喜怒者，道之過；好惡者，德之

失。故心不憂樂，德之至也；一而不變，靜之至也；无所於忤，虛之至也；不與物交，惔之至也；无所於逆，粹之至也。故曰：形勞而不休則弊，精用而不已則勞，勞則竭。

水之性，不雜則清，莫動則平；鬱閉而不流，亦不能清，天德之象也。故曰：純粹而不雜，靜一而不變，惔而无為，動而以天行，此養神之道也。夫有干越之劍者，柙而藏之，不敢用也，寶之至也，精神四達並流，无所不極，上際於天，下蟠於地，化育萬物，不可為象，其名為同帝。

純素之道，唯神是守。守而勿失，與神為一；一之精通，合於天倫。野語有之曰：「眾人重利，廉士重名，賢人尚志，聖人貴精。」故素也者，謂其无所與雜也；純也者，謂其不虧其神也。能體純素，謂之真人。

繕性第十六

繕性於俗，俗學以求復其初；滑欲於俗，思以求致其明；謂之蔽蒙之民。

古之治道者，以恬養知；生而无以知為也，謂之以知養恬。知與恬交相養，而和理出其性。夫德，和也；道，理也。德无不容，仁也；道无不理，義也；義明而物親，忠也；中純實而反乎情，樂也；信行容體而順乎文，禮也。禮樂徧行，則天下亂矣。彼正而蒙己德，德則不冒。冒則物必失其性也。

古之人，在混芒之中，與一世而得澹漠焉。當是時也，陰陽和靜，鬼神不擾，四時得節，萬物不傷，羣生不夭，人雖有知，无所用之，此之謂至一。當是時也，莫之為而常自然。

逮德下衰，及燧人伏羲始為天下，是故順而不一。德又下衰，及神農黃帝始為天下，是故安而不順。德又下衰，及唐虞始為天下，興治化之流，▨澆散朴，離道以善，險德以行，然

後去性而從於心。心與心識知而不足以定天下，然後附之以文，益之以博。文滅質，博溺心，然後民始惑亂，无以反其性情而復其初。

由是觀之，世喪道矣，道喪世矣，世與道交相喪也，道之人何由興乎世，世亦何由興乎道哉！道无以興乎世，世无以興乎道，雖聖人不在山林之中，其德隱矣。

隱，故不自隱。古之所謂隱士者，非伏其身而弗見也，非閉其言而不出也，非藏其知而不發也，時命大謬也。當時命而大行乎天下，則反一无迹；不當時命而大窮乎天下，則深根寧極而待；此存身之道也。

古之行身者，不以辯飾知，不以知窮天下，不以知窮德，危然處其所而反其性已，又何為哉！道固不小行，德固不小識。小識傷德，小行傷道。故曰，正己而已矣。樂全之謂得志。

古之所謂得志者，非軒冕之謂也，謂其无以益其樂而已矣。今之所謂得志者，軒冕之謂也。軒冕在身，非性命也，物之儻來，寄者也。寄之，其來不可圉，其去不可止。故不為軒冕肆志，不為窮約趨俗，其樂彼與此同，故无憂而已矣。今寄去則不樂，由(之)[是]觀之，雖樂，未嘗不荒也。故曰，喪己於物，失性於俗者，謂之倒置之民。

秋水第十七

秋水時至，百川灌河，涇流之大，兩涘渚崖之間，不辯牛馬。於是焉河伯欣然自喜，以天下之美為盡在己。順流而東行，至於北海，東面而視，不見水端。於是焉河伯始旋其面目，望洋向若而歎曰：「野語有之曰：『聞道百以為莫己若者』，我之謂也。且夫我嘗聞少仲尼之聞而輕伯夷之義者，始吾弗信；今我睹子之難窮也，吾非至於子之門則殆矣，吾長見笑於大方

之家。」

北海若曰：「井蛙不可以語於海者，拘於虛也；夏蟲不可以語於冰者，篤於時也；曲士不可以語於道者，束於教也。今爾出於崖涘，觀於大海，乃知爾醜，爾將可與語大理矣。天下之水，莫大於海，萬川歸之，不知何時止而不盈；尾閭泄之，不知何時已而不虛；春秋不變，水旱不知。此其過江河之流，不可為量數。而吾未嘗以此自多者，自以比形於天地，而受氣於陰陽，吾在[於]天地之間，猶小石小木之在大山也，方存乎見小，又奚以自多！計四海之在天地之間也，不似礨空之在大澤乎？計中國之在海內，不似稊米之在大倉乎？號物之數謂之萬，人處一焉；人卒九州，穀食之所生，舟車之所通，人處一焉；此其比萬物也，不似豪末之在於馬體乎？五帝之所連，三王之所爭，仁人之所憂，任士之所勞，盡此矣。伯夷辭之以為名，仲尼語之以為博，此其自多也，不似爾向之自多於水乎？」

河伯曰：「然則吾大天地而小(毫)[豪]末，可乎？」

北海若曰：「否。夫物，量无窮，時无止，分无常，終始无故。是故大知觀於遠近，故小而不寡，大而不多：知量无窮。證曏今故，故遙而不悶，掇而不跂，知時无止；察乎盈虛，故得而不喜，失而不憂，知分之无常也；明乎坦塗，故生而不說，死而不禍，知終始之不可故也。計人之所知，不若其所不知；其生之時，不若未生之時；以其至小求窮其至大之域，是故迷亂而不能自得也。由此觀之，又何以知(毫)[豪]末之足以定至細之倪！又何以知天地之足以窮至大之域！」

河伯曰：「世之議者皆曰：『至精无形，至大不可圍。』是信情乎？」

65

北海若曰：「夫自細視大者不盡，自大視細者不明。夫精，小之微也；垺，大之殷也，故異便。此勢之有也。夫精粗者，期於有形者也；无形者，數之所不能分也；不可圍者，數之所不能窮也。可以言論者，物之粗也；可以意致者，物之精也；言之所不能論，意之所不能察致者，不期精粗焉。

是故大人之行，不出乎害人，不多仁恩；動不為利，不賤門隸；貨財之爭，不多辭讓；事焉不借人，不多食乎力，不賤貪污；行殊乎俗，不多辟異；為在從眾，不賤佞諂；世之爵祿不足以為勸，戮恥不足以為辱；知是非之不可為分，細大之不可為倪。聞曰：『道人不聞，至德不得，大人无己。』約分之至也。

河伯曰：「若物之外，若物之內，惡至而倪貴賤？惡至而倪小大？

北海若曰：「以道觀之，物无貴賤；以物觀之，自貴而相賤；以俗觀之，貴賤不在己。以差觀之，因其所大而大之，則萬物莫不大；因其所小而小之，則萬物莫不小；知天地之為稊米也，知(毫)[豪]末之為丘山也，則差數觀矣。以功觀之，因其所有而有之，則萬物莫不有；因其所无而无之，則萬物莫不无；知東西之相反而不可以相无，則功分定矣。以趣觀之，因其所然而然之，則萬物莫不然；因其所非而非之，則萬物莫不非；知堯、桀之自然而相非，則趣操覩矣。

昔者堯舜讓而帝，之噲讓而絕；湯武爭而王，白公爭而滅。由此觀之，爭讓之禮，堯桀之行，貴賤有時，未可以為常也。梁麗可以衝城，而不可以窒穴，言殊器也；騏驥驊騮，一日而馳千里，捕鼠不如狸狌，言殊技也；鴟鵂夜撮蚤，察毫末，晝出瞋目而不見丘山，言殊性也。故曰，蓋師是而无非，師治而无亂乎？是未明天地之理，萬物之情者也。是猶師天而无地，

師陰而无陽，其不可行明矣。然且語而不舍，非愚則誣也。帝王殊禪，三代殊繼。差其時，逆其俗者，謂之篡夫；當其時，順其俗者，謂之義[之]徒。默默乎河伯！女惡知貴賤之門，小大之家！」

河伯曰：「然則我何為乎？何不為乎？吾辭受趣舍，吾終奈何？」

北海若曰：「以道觀之，何貴何賤，是謂反衍；无拘而志，與道大蹇。何少何多，是謂謝施；无一而行，與道參差。嚴乎若國之有君，其无私德；繇繇乎若祭之有社，其无私福；泛泛乎其若四方之无窮，其无所畛域。兼懷萬物，其孰承翼？是謂无方。萬物一齊，孰短孰長？道无終始，物有死生，不恃其成；一虛一滿，不位乎其形。年不可舉，時不可止；消息盈虛，終則有始。是所以語大義之方，論萬物之理也。物之生也，若驟若馳，无動而不變，无時而不移。何為乎，何不為乎？夫固將自化。」

河伯曰：「然則何貴於道邪？」

北海若曰：「知道者必達於理，達於理者必明於權，明於權者不以物害己。至德者，火弗能熱，水弗能溺，寒暑弗能害，禽獸弗能賊。非謂其薄之也，言察乎安危，寧於禍福，謹於去就，莫之能害也。故曰，天在內，人在外，德在乎天。知天人之行，本乎天，位乎得，蹢躅而屈伸，反要而語極。」

曰：「何謂天？何謂人？

北海若曰：「牛馬四足，是謂天；落馬首，穿牛鼻，是謂人。故曰，无以人滅天，无以故滅命，无以得殉名。謹守而勿失，是謂反其真。」

夔憐蚿，蚿憐蛇，蛇憐風，風憐目，目憐心。

夔謂蚿曰：「吾以一足趻踔而行，予无如矣。今子之使萬足，獨奈何？」

蚿曰：「不然。子不見夫唾者乎？噴則大者如珠，小者如霧，雜而下者不可勝數也。今予動吾天機，而不知其所以然。」

蚿謂蛇曰：「吾以眾足行，而不及子之無足，何也？」

蛇曰：「夫天機之所動，何可易邪？吾安用足哉！」

蛇謂風曰：「予動吾脊脅而行，則有似也。今子蓬蓬然起於北海，蓬蓬然入於南海，而似无有，何也？」

風曰：「然，予蓬蓬然起於北海而入於南海也，然而指我則勝我，鰌我亦勝我。雖然，夫折大木，蜚大屋者，唯我能也。故以眾小不勝為大勝也。為大勝者，唯聖人能之。」

孔子遊於匡，宋人圍之數帀，而絃歌不惙。子路入見，曰：「何夫子之娛也？

孔子曰：「來，吾語女。我諱窮久矣，而不免，命也；求通久矣，而不得，時也。當堯舜而天下无窮人，非知得也；當桀紂而天下无通人，非知失也，時勢適然。夫水行不避蛟龍者，漁父之勇也；陸行不避兕虎者，獵夫之勇也；白刃交於前，視死若生者，烈士之勇也；知窮之有命，知通之有時，臨大難而不懼者，聖人之勇也。由處矣！吾命有所制矣。」

无幾何，將甲者進，辭曰：「以為陽虎也，故圍之。今非也，請辭而退。」

公孫龍問於魏牟曰：「龍少學先王之道，長而明仁義之行；合同異，離堅白；然不然，可不可；困百家之知，窮眾口之辯；吾自以為至達已。今吾聞莊子之言，汒焉異之。不知論之不及

68

與，知之弗若與？今吾无所開吾喙，敢問其方。」

公子牟隱机大息，仰天而笑曰：「子獨不聞夫埳井之鼃乎？謂東海之鱉曰：『吾樂與！出跳梁乎井幹之上，入休乎缺甃之崖；赴水則接腋持頤，蹶泥則沒足滅跗；還虷蟹與科斗，莫吾能若也。且夫擅一壑之水，而跨跱埳井之樂，此亦至矣，夫子奚不時來入觀乎！』東海之鱉左足未入，而右膝已縶矣。於是逡巡而卻，告之海曰：『夫千里之遠，不足以舉其大；千仞之高，不足以極其深。禹之時十年九潦，而水弗為加益；湯之時八年七旱，而崖不為加損。夫不為頃久推移，不以多少進退者，此亦東海之大樂也。』於是埳井之鼃聞之，適適然驚，規規然自失也。

且夫知不知是非之竟，而猶欲觀於莊子之言，是猶使蚊負山，商蚷馳河也，必不勝任矣。且夫知不知論極妙之言，而自適一時之利者，是非埳井之鼃與？且彼方跐黃泉而登大皇，无南无北，奭然四解，淪於不測；无東无西，始於玄冥，反於大通。子乃規規然而求之以察，索之以辯，是直用管闚天，用錐指地也，不亦小乎！子往矣！且子獨不聞夫壽陵餘子之學於邯鄲與？未得國能，又失其故行矣，直匍匐而歸耳。今子不去，將忘子之故，失子之業。

公孫龍口呿而不合，舌舉而不下，乃逸而走。

莊子釣於濮水，楚王使大夫二人往先焉，曰：「願以境內累矣！

莊子持竿不顧，曰：「吾聞楚有神龜，死已三千歲矣，王巾笥而藏之廟堂之上。此龜者，寧其死為留骨而貴乎？寧其生而曳尾於塗中乎？」

二大夫曰：「寧生而曳尾塗中。」

莊子曰：「往矣！吾將曳尾於塗中。」

惠子相梁，莊子往見之。或謂惠子曰：「莊子來，欲代子相。」於是惠子恐，搜於國中三日三夜。

莊子往見之，曰：「南方有鳥，其名為鵷鶵，子知之乎？夫鵷鶵，發於南海而飛於北海，非梧桐不止，非練實不食，非醴泉不飲。於是鴟得腐鼠，鵷鶵過之，仰而視之曰：『嚇！』今子欲以子之梁國而嚇我邪？」

莊子與惠子遊於濠梁之上。

莊子曰：「儵魚出游從容，是魚之樂也。」

惠子曰：「子非魚，安知魚之樂？」

莊子曰：「子非我，安知我不知魚之樂？」

惠子曰「我非子，固不知子矣；子固非魚也，子之不知魚之樂，全矣！」

莊子曰：「請循其本。子曰『汝安知魚樂』云者，既已知吾知之而問我，我知之濠上也。」

至樂第十八

天下有至樂无有哉？有可以活身者无有哉？今奚為奚據？奚避奚處？奚就奚去？奚樂奚惡？

夫天下之所尊者，富貴壽善也；所樂者，身安厚味美服好色音聲也；所下者，貧賤夭惡也；所苦者，身不得安逸，口不得厚味，形不得美服，目不得好色，耳不得音聲。若不得者，則大憂以懼，其為形也亦愚哉！

夫富者，苦身疾作，多積財而不得盡用，其為形也亦外矣。夫貴者，夜以繼日，思慮善否，其為形也亦疏矣。人之生也，

與憂俱生，壽者惛惛，久憂不死，何苦也！其為形也亦遠矣。烈士為天下見善矣，未足以活身。吾未知善之誠善邪？誠不善邪？若以為善矣，不足活身；以為不善矣，足以活人。故曰：「忠諫不聽，蹲循勿爭。」故夫子胥爭之以殘其形，不爭，名亦不成。誠有善无有哉？

今俗之所為與其所樂，吾又未知樂之果樂邪，果不樂邪？吾觀夫俗之所樂，舉羣趣者，誙誙然如將不得已，而皆曰樂者，吾未之樂也，亦未之不樂也。果有樂无有哉？吾以无為誠樂矣，又俗之所大苦也。故曰：「至樂无樂，至譽无譽。」

天下是非果未可定也。雖然，无為可以定是非。至樂活身，唯无為幾存。請嘗試言之。天无為以之清，地无為以之寧。故兩无為相合，萬物皆化生。芒乎芴乎，而无從出乎！芴乎芒乎，而无有象乎！萬物職職，皆從无為殖。故曰，天地无為也而无不為也，人也孰能得无為哉！

莊子妻死，惠子弔之，莊子則方箕踞鼓盆而歌。

惠子曰：「與人居，長子老身，死不哭亦足矣，又鼓盆而歌，不亦甚乎！」

莊子曰：「不然。是其始死也，我獨何能无概然！察其始而本无生，非徒无生也，而本无形，非徒无形也而本无氣。雜乎芒芴之間，變而有氣，氣變而有形，形變而有生。今又變而之死。是相與為春秋冬夏四時行也。人且偃然寢於巨室，而我噭噭然隨而哭之，自以為不通乎命，故止也。」

支離叔與滑介叔觀於冥伯之丘，崑崙之虛，黃帝之所休。俄而柳生其左肘，其意蹶蹶然惡之。

支離叔曰：「子惡之乎？」

滑介叔曰：「亡，予何惡！生者，假借也。假之而生生者，塵垢也。死生為晝夜。且吾與子觀化而化及我，我又何惡焉！」

莊子之楚，見空髑髏，髐然有形，撽以馬捶，因而問之，曰：「夫子貪生失理，而為此乎？將子有亡國之事，斧鉞之誅，而為此乎？將子有不善之行，愧遺父母妻子之醜，而為此乎？將子有凍餒之患，而為此乎？將子之春秋故及此乎？」

於是語卒，援髑髏，枕而臥。夜半，髑髏見夢曰：「子之談者似辯士，視子所言，皆生人之累也，死則无此矣。子欲聞死之說乎？

莊子曰：「然。」

髑髏曰：「死，无君於上，无臣於下，亦无四時之事，從然以天地為春秋，雖南面王樂，不能過也。」

莊子不信，曰：「吾使司命復生子形，為子骨肉肌膚，反子父母妻子閭里知識，子欲之乎？」

髑髏深矉蹙頞曰：「吾安能棄南面王樂而復為人閒之勞乎！」

顏淵東之齊，孔子有憂色。子貢下席而問曰：「小子敢問，回東之齊，夫子有憂色，何邪？」

孔子曰：「善哉汝問！昔者管子有言，丘甚善之，曰：『褚小者不可以懷大，綆短者不可以汲深。』夫若是者，以為命有所成而形有所適也，夫不可損益。吾恐回與齊侯言堯舜黃帝之道，而重以燧人神農之言。彼將內求於己而不得，不得則惑，人惑則死。

且女獨不聞邪？昔者海鳥止於魯郊，魯侯御而觴之于廟，

奏九韶以為樂，具太牢以為膳。鳥乃眩視憂悲，不敢食一臠，不敢飲一杯，三日而死。此以己養養鳥也，非以鳥養養鳥也。夫以鳥養養鳥者，宜栖之深林，遊之壇陸，浮之江湖，食之鰍鰷，隨行列而止，委蛇而處。彼唯人言之惡聞，奚以夫譊譊為乎！咸池九韶之樂，張之洞庭之野，鳥聞之而飛，獸聞之而走，魚聞之而下入，人卒聞之，相與還而觀之。魚處水而生，人處水而死，彼必相與異，其好惡故異也。故先聖不一其能，不同其事。名止於實，義設於適，是之謂條達而福持。」

列子行食於道從，見百歲髑髏，攓蓬而指之曰：「唯予與汝知而未嘗死，未嘗生也。若果養乎？予果歡乎？

種有幾，得水則為䘇，得水土之際則為鼃蠙之衣，生於陵屯則為陵舄，陵舄得鬱棲則為烏足，烏足之根為蠐螬，其葉為胡蝶。胡蝶胥也化而為蟲，生於竈下，其狀若脫，其名為鴝掇。鴝掇千日為鳥，其名為乾餘骨。乾餘骨之沫為斯彌，斯彌為食醯。頤輅生乎食醯，黃軦生乎九猷，瞀芮生乎腐蠸，羊奚比乎不箰，久竹生青寧，青寧生程，程生馬，馬生人，人又反入於機。萬物皆出於機，皆入於機。

達生第十九

達生之情者，不務生之所无以為；達命之情者，不務知之所无奈何。養形必先之以物，物有餘而形不養者有之矣。有生必先无離形，形不離而生亡者有之矣。生之來不能卻，其去不能止。悲夫！世之人以為養形足以存生；而養形果不足以存生，則世奚足為哉！雖不足為而不可不為者，其為不免矣。

夫欲免為形者，莫如棄世。棄世則无累，无累則正平，正平則與彼更生，更生則幾矣。事奚足棄而生奚足遺？棄事則形不勞，遺生則精不虧。夫形全精復，與天為一。天地者，萬物

之父母也。合則成體，散則成始。形精不虧，是謂能移。精而又精，反以相天。

子列子問關尹曰：「至人潛行不窒，蹈火不熱，行乎萬物之上而不慄。請問何以至於此？」

關尹曰：「是純氣之守也，非知巧果敢之列。居，予語女！凡有貌象聲色者，皆物也，物與物何以相遠？夫奚足以至乎先？是色而已。則物之造乎不形而止乎无所化，夫得是而窮之者，物焉得而止焉！彼將處乎不淫之度，而藏乎无端之紀，遊乎萬物之所終始。壹其性，養其氣，合其德，以通乎物之所造。夫若是者，其天守全，其神无郤，物奚自入焉！

夫醉者之墜車，雖疾不死。骨節與人同而犯害與人異，其神全也，乘亦不知也，墜亦不知也，死生驚懼不入乎其胷中，是故圖而不慴。彼得全於酒而猶若是，而況得全於天乎？聖人藏於天，故莫之能傷也。復讎者不折鏌干，雖有忮心者不怨飄瓦，是以天下平均。故无攻戰之亂，无殺戮之刑者，由此道也。

不開人之天，而開天之天，開天者德生，開人者賊生。不厭其天，不忽於人，民幾乎以其真！」

仲尼適楚，出於林中，見痀僂者承蜩，猶掇之也。

仲尼曰：「子巧乎，有道邪？」

曰：「我有道也。五六月累丸二而不墜，則失者錙銖；累三而不墜，則失者十一；累五而不墜，猶掇之也。吾處身也，若厥株拘；吾執臂也，若槁木之枝；雖天地之大，萬物之多，而唯蜩翼之知。吾不反不側，不以萬物易蜩之翼，何為而不得！」

孔子顧謂弟子曰：「用志不分，乃凝於神，其痀僂丈人之謂乎！」

顏淵問仲尼曰：「吾嘗濟乎觴深之淵，津人操舟若神。吾問焉，曰：『操舟可學邪？』曰：『可。善游者數能。若乃夫沒人，則未嘗見舟而便操之也。』吾問焉而不吾告，敢問何謂也？」

仲尼曰：「善游者數能，忘水也；若乃夫沒人之未嘗見舟而便操之也，彼視淵若陵，視舟之履猶其車卻也。覆卻萬方陳乎前而不得入其舍，惡往而不暇！以瓦注者巧，以鉤注者憚，以黃金注者殙。其巧一也，而有所矜，則重外也。凡外重者內拙。

田開之見周威公，威公曰：「吾聞祝腎學生，吾子與祝腎游，亦何聞焉？」

田開之曰：「開之操拔篲以侍門庭，亦何聞於夫子！」

威公曰：「田子无讓，寡人願聞之。」

開之曰：「聞之夫子曰：『善養生者，若牧羊然，視其後者而鞭之。』」

威公曰：「何謂也？」

田開之曰：「魯有單豹者，巖居而水飲，不與民共利，行年七十而猶有嬰兒之色，不幸遇餓虎，餓虎殺而食之。有張毅者，高門縣薄，无不走也，行年四十而有內熱之病以死。豹養其內而虎食其外，毅養其外而病攻其內，此二子者，皆不鞭其後者也。

仲尼曰：「无入而藏，无出而陽，柴立其中央。三者若得，其名必極。夫畏塗者，十殺一人，則父子兄弟相戒也，必盛卒

徒而後敢出焉，不亦知乎！人之所取畏者，衽席之上，飲食之
閒，而不知為之戒者，過也！」

祝宗人玄端以臨牢筴，說彘曰：「汝奚惡死！吾將三月犓
汝，十日戒，三日齊，藉白茅，加汝肩尻乎彫俎之上，則汝為
之乎？」為彘謀，曰不如食以糠糟而錯之牢筴之中。自為謀，
則苟生有軒冕之尊，死得於腞楯之上、聚僂之中則為之。為彘
謀則去之，自為謀則取之，所異彘者何也？

桓公田於澤，管仲御，見鬼焉。公撫管仲之手曰：「仲父
何見？」對曰：「臣无所見。」

公反，誒詒為病，數日不出。齊士有皇子告敖者曰：「公
則自傷，鬼惡能傷公！夫忿滀之氣，散而不反，則為不足；上
而不下，則使人善怒；下而不上，則使人善忘；不上不下，中
身當心，則為病。」

桓公曰：「然則有鬼乎？」

曰：「有。沈有履。竈有髻。戶內之煩壤，雷霆處之；東
北方之下者，倍阿鮭蠪躍之；西北方之下者，則泆陽處之。水
有(罔)[罔]象，丘有峷，山有夔，野有彷徨，澤有委蛇。

公曰：「請問委蛇之狀何如？」

皇子曰：「委蛇，其大如轂，其長如轅，紫衣而朱冠。其
為物也，惡聞雷車之聲，則捧其首而立。見之者殆乎霸。」

桓公輾然而笑曰：「此寡人之所見者也。」於是正衣冠與
之坐，不終日而不知病之去也。

紀渻子為王養鬥雞。

十日而問：「雞已乎？」曰：「未也，方虛憍而恃氣。」

十日又問，曰：「未也，猶應嚮景。」

十日又問，曰：「未也，猶疾視而盛氣。」

十日又問，曰：「幾矣，雞雖有鳴者，已无變矣，望之似木雞矣，其德全矣。異雞无敢應者，反走矣。」

孔子觀於呂梁，縣水三十仞，流沫四十里，黿鼉魚鼈之所不能游也。見一丈夫游之，以為有苦而欲死也，使弟子並流而拯之。數百步而出，被髮行歌而游於塘下。

孔子從而問焉，曰：「吾以子為鬼，察子則人也。請問，蹈水有道乎？」

曰：「亡，吾无道。吾始乎故，長乎性，成乎命。與齊俱入，與汨偕出，從水之道而不為私焉。此吾所以蹈之也。

孔子曰：「何謂始乎故，長乎性，成乎命？」

曰：「吾生於陵而安於陵，故也；長於水而安於水，性也；不知吾所以然而然，命也。」

梓慶削木為鐻，鐻成，見者驚猶鬼神。魯侯見而問焉，曰：「子何術以為焉？」

對曰：「臣，工人，何術之有！雖然，有一焉。臣將為鐻，未嘗敢以耗氣也，必齊以靜心。齊三日，而不敢懷慶賞爵祿；齊五日，不敢懷非譽巧拙；齊七日，輒然忘吾有四枝形體也。當是時也，无公朝，其巧專而外骨消；然後入山林，觀天性，形軀至矣，然後成見鐻，然後加手焉，不然則已。則以天合天，器之所以疑神者，其是與！」

東野稷以御見莊公，進退中繩，左右旋中規。莊公以為文弗過也，使之鉤百而反。

顏闔遇之，入見曰：「稷之馬將敗。」公密而不應。

少焉，果敗而反。公曰：「子何以知之？」

曰：「其馬力竭矣，而猶求焉，故曰敗。」

工倕旋而蓋規矩，指與物化而不以心稽，故其靈臺一而不桎。忘足，履之適也；忘要，帶之適也；知忘是非，心之適也；不內變，不外從，事會之適也。始乎適而未嘗不適者，忘適之適也。

有孫休者，踵門而詫子扁慶子曰：「休居鄉不見謂不脩，臨難不見謂不勇；然而田原不遇歲，事君不遇世，賓於鄉里，逐於州部，則胡罪乎天哉？休惡遇此命也？

扁子曰：「子獨不聞夫至人之自行邪？忘其肝膽，遺其耳目，芒然彷徨乎塵垢之外，逍遙乎无事之業，是謂為而不恃，長而不宰。今汝飾知以驚愚，脩身以明汙，昭昭乎若揭日月而行也。汝得全而形軀，具而九竅，无中道夭於聾盲跛蹇而比於人數，亦幸矣，又何暇乎天之怨哉！子往矣！」

孫子出，扁子入。坐有間，仰天而歎。弟子問曰：「先生何為歎乎？」

扁子曰：「向者休來，吾告之以至人之德，吾恐其驚而遂至於惑也。」

弟子曰：「不然。孫子之所言是邪，先生之所言非邪，非固不能惑是；孫子所言非邪？先生所言是邪？彼固惑而來矣，又奚罪焉！」

扁子曰：「不然。昔者有鳥止於魯郊，魯君說之，為具太牢以饗之，奏九韶以樂之。鳥乃始憂悲眩視，不敢飲食。此之謂以己養養鳥也。若夫以鳥養養鳥者，宜棲之深林，浮之江湖，

食之以委蛇，則平陸而已矣。今休，款啟寡聞之民也，吾告以至人之德，譬之若載鼷以車馬，樂鴳以鐘鼓也，彼又惡能无驚乎哉！

山木第二十

莊子行於山中，見大木，枝葉盛茂。伐木者止其旁而不取也。問其故，曰：「无所可用。」莊子曰：「此木以不材得終其天年。」

夫子出於山，舍於故人之家。故人喜，命豎子殺雁而烹之。豎子請曰：「其一能鳴，其一不能鳴，請奚殺？」主人曰：「殺不能鳴者。」

明日，弟子問於莊子曰：「昨日山中之木，以不材得終其天年；今主人之雁，以不材死；先生將何處？」

莊子笑曰：「周將處乎材與不材之間。材與不材之間，似之而非也，故未免乎累。若夫乘道德而浮遊則不然。无譽无訾，一龍一蛇，與時俱化，而无肯專為；一上一下，以和為量，浮遊乎萬物之祖；物物而不物於物，則胡可得而累邪！此神農黃帝之法則也。若夫萬物之情，人倫之傳，則不然。合則離，成則毀；廉則挫，尊則議，有為則虧，賢則謀，不肖則欺。胡可得而必乎哉！悲夫，弟子志之，其唯道德之鄉乎！

市南宜僚見魯侯，魯侯有憂色。市南子曰：「君有憂色，何也？」

魯侯曰：「吾學先王之道，脩先君之業；吾敬鬼尊賢，親而行之，无須臾離居；然不免於患，吾是以憂。」

市南子曰：「君之除患之術淺矣！夫豐狐文豹，棲於山林，伏於巖穴，靜也；夜行晝居，戒也；雖飢渴隱約，猶旦胥疏於

江湖之上而求食焉，定也；然且不免於罔羅機辟之患。是何罪之有哉？其皮為之災也。今魯國獨非君之皮邪？吾願君刳形去皮，洒心去欲，而遊於无人之野。南越有邑焉，名為建德之國。其民愚而朴，少私而寡欲；知作而不知藏，與而不求其報；不知義之所適，不知禮之所將。猖狂妄行，乃蹈乎大方。其生可樂，其死可葬。吾願君去國捐俗，與道相輔而行。」

君曰：「彼其道遠而險，又有江山，我无舟車，奈何？」

市南子曰：「君无形倨，无留居，以為君車。」

君曰：「彼其道幽遠而无人，吾誰與為鄰？吾无糧，我无食，安得而至焉？」

市南子曰：「少君之費，寡君之欲，雖无糧而乃足。君其涉於江而浮於海，望之而不見其崖，愈往而不知其所窮。送君者皆自崖而反。君自此遠矣！故有人者累，見有於人者憂。故堯非有人，非見有於人也。吾願去君之累，除君之憂，而獨與道遊於大莫之國。方舟而濟於河，有虛船來觸舟，雖有惼心之人不怒；有一人在其上，則呼張歙之；一呼而不聞，再呼而不聞，於是三呼邪，則必以惡聲隨之。向也不怒而今也怒，向也虛而今也實。人能虛己以遊世，其孰能害之！」

北宮奢為衛靈公賦斂以為鐘，為壇乎郭門之外。三月而成上下之縣。

王子慶忌見而問焉，曰：「子何術之設？」

奢曰：「一之閒，无敢設也。奢聞之，『既彫既琢，復歸於朴。』侗乎其无識，儻乎其怠疑；萃乎芒乎，其送往而迎來；來者勿禁，往者勿止；從其強梁，隨其曲(傳)[傅]，因其自窮。故朝夕賦斂而毫毛不挫，而況有大塗者乎！」

孔子圍於陳蔡之間，七日不火食。

大公任往弔之，曰：「子幾死乎？」曰：「然。」

「子惡死乎？」曰：「然。」

任曰：「予嘗言不死之道。東海有鳥焉，其名曰意怠。其為鳥也，翂翂翐翐，而似无能；引援而飛，迫脅而棲；進不敢為前，退不敢為後；食不敢先嘗，必取其緒。是故其行列不斥，而外人卒不得害，是以免於患。直木先伐，甘井先竭。子其意者飾知以驚愚，修身以明汙，昭昭乎如揭日月而行，故不免也。昔吾聞之大成之人曰：『自伐者无功，功成者墮，名成者虧。』孰能去功與名而還與眾人！道流而不明，居得行而不名處；純純常常，乃比於狂；削迹捐勢，不為功名。是故无責於人，人亦无責焉。至人不聞，子何喜哉？

孔子曰：「善哉！」辭其交遊，去其弟子，逃於大澤；衣裘褐，食杼栗；入獸不亂羣，入鳥不亂行。鳥獸不惡，而況人乎！

孔子問子桑雽曰：「吾再逐於魯，伐樹於宋，削迹於衛，窮於商周，圍於陳蔡之間。吾犯此數患，親交益疏，徒友益散，何與？

子桑雽曰：「子獨不聞假人之亡與？林回棄千金之璧，負赤子而趨。或曰：『為其布與？赤子之布寡矣；為其累與？赤子之累多矣；棄千金之璧，負赤子而趨，何也？』林回曰：『彼以利合，此以天屬也。』夫以利合者，迫窮禍患害相棄也；以天屬者，迫窮禍患害相收也。夫相收之與相棄亦遠矣，且君子之交淡若水，小人之交甘若醴；君子淡以親，小人甘以絕。彼无故以合者，則无故以離。

孔子曰：「敬聞命矣！」徐行翔佯而歸，絕學捐書，弟子

无抶於前，其愛益加進。

異日，桑寧又曰：「舜之將死，真泠禹曰：『汝戒之哉！形莫若緣，情莫若率。緣則不離，率則不勞；不離不勞，則不求文以待形；不求文以待形，固不待物。』

莊子衣大布而補之，正緳係履而過魏王。魏王曰：「何先生之憊邪？

莊子曰：「貧也，非憊也。士有道德不能行，憊也；衣弊履穿，貧也，非憊也；此所謂非遭時也。王獨不見夫騰猿乎？其得柟梓豫章也，攬蔓其枝而王長其間，雖羿、蓬蒙不能眄睨也。及其得柘棘枳枸之間也，危行側視，振動悼慄；此筋骨非有加急而不柔也，處勢不便，未足以逞其能也。今處昏上亂相之間，而欲无憊，奚可得邪？此比干之見剖心徵也夫！」

孔子窮於陳蔡之間，七日不火食，左據槁木，右擊槁枝，而歌猋氏之風，有其具而无其數，有其聲而无宮角，木聲與人聲，犁然有當於人之心。

顏回端拱還目而窺之。仲尼恐其廣己而造大也，愛己而造哀也，曰：「回，无受天損易，无受人益難。无始而非卒也，人與天一也。夫今之歌者其誰乎？」

回曰：「敢問无受天損易。」

仲尼曰：「飢渴寒暑，窮桎不行，天地之行也，運物之泄也，言與之偕逝之謂也。為人臣者，不敢去之。執臣之道猶若是，而況乎所以待天乎！」

「何謂无受人益難？」

仲尼曰：「始用四達，爵祿並至而不窮，物之所利，乃非己也，吾命其在外者也。君子不為盜，賢人不為竊。吾若取之，

何哉！故曰，鳥莫知於鶴鴯，目之所不宜處不給視，雖落其實，棄之而走。其畏人也，而襲諸人間。社稷存焉爾。」

「何謂无始而非卒？」

仲尼曰：「化其萬物而不知其禪之者，焉知其所終？焉知其所始？正而待之而已耳。」

「何謂人與天一邪？」

仲尼曰：「有人，天也；有天，亦天也。人之不能有天，性也，聖人晏然體逝而終矣！」

莊周遊於雕陵之樊，覩一異鵲自南方來者，翼廣七尺，目大運寸，感周之顙而集於栗林。莊周曰：「此何鳥哉，翼殷不逝，目大不覩？」蹇裳躩步，執彈而留之。覩一蟬，方得美蔭而忘其身；螳螂執翳而搏之，見得而忘其形；異鵲從而利之，見利而忘其真。莊周怵然曰：「噫！物固相累，二類相召也。」捐彈而反走，虞人逐而詈之。

莊周反入，三日不庭。藺且從而問之：「夫子何為頃間甚不庭乎？」

莊周曰：「吾守形而忘身，觀於濁水而迷於清淵。且吾聞諸夫子曰：『入其俗，從其(俗)[令]。』今吾遊於雕陵而忘吾身，異鵲感吾顙，遊於栗林而忘真，栗林虞人以吾為戮，吾所以不庭也。」

陽子之宋，宿於逆旅。逆旅人有妾二人，其一人美，其一人惡，惡者貴而美者賤。陽子問其故，逆旅小子對曰：「其美者自美，吾不知其美也；其惡者自惡，吾不知其惡也。」

陽子曰：「弟子記之：行賢而去自賢之行，安往而不愛哉！」

田子方第二十一

田子方侍坐於魏文侯，數稱谿工。

文侯曰：「谿工，子之師邪？」

子方曰：「非也，無擇之里人也；稱道數當，故无擇稱之。」

文侯曰：「然則子无師邪？」

子方曰：「有。」

曰：「子之師誰邪？」

子方曰：「東郭順子。」

文侯曰：「然則夫子何故未嘗稱之？」

子方曰：「其為人也真，人貌而天虛，緣而葆真，清而容物。物无道，正容以悟之，使人之意也消。无擇何足以稱之！」

子方出，文侯儻然終日不言，召前立臣而語之曰：「遠矣，全德之君子！始吾以聖知之言、仁義之行為至矣。吾聞子方之師，吾形解而不欲動，口鉗而不欲言。吾所學者直土梗耳，夫魏真為我累耳！」

溫伯雪子適齊，舍於魯。魯人有請見之者，溫伯雪子曰：「不可。吾聞中國之君子，明乎禮義而陋於知人心，吾不欲見也。」

至於齊，反舍於魯，是人也又請見。溫伯雪子曰：「往也蘄見我，今也又蘄見我，是必有以振我也。」

出而見客，入而歎。明日見客，又入而歎。其僕曰：「每見之客也，必入而歎，何耶？」

曰：「吾固告子矣：『中國之民，明乎禮義而陋乎知人心。』昔之見我者，進退一成規，一成矩，從容一若龍，一若虎。其諫我也似子，其道我也似父，是以歎也。」

仲尼見之而不言。子路曰：「吾子欲見溫伯雪子久矣，見之而不言，何邪？」

仲尼曰：「若夫人者，目擊而道存矣，亦不可以容聲矣！」

顏淵問於仲尼曰：「夫子步亦步，夫子趨亦趨，夫子馳亦馳；夫子奔逸絕塵，而回瞠若乎後矣！

夫子曰：「回，何謂邪？」

曰：「夫子步，亦步也；夫子言，亦言也；夫子趨，亦趨也；夫子辯，亦辯也；夫子馳，亦馳也；夫子言道，回亦言道也；及奔逸絕塵而回瞠若乎後者，夫子不言而信，不比而周，无器而民滔乎前，而不知所以然而已矣。」

仲尼曰：「惡！可不察與！夫哀，莫大於心死，而人死亦次之。日出東方而入於西極，萬物莫不比方，有目有趾者，待是而後成功，是出則存，是入則亡。萬物亦然，有待也而死，有待也而生。吾一受其成形，而不化以待盡，效物而動，日夜无隙，而不知其所終；薰然其成形，知命不能規乎其前，丘以是日徂。

吾終身與汝交一臂而失之，可不哀與！女殆著乎吾所以著也。彼已盡矣，而女求之以為有，是求馬於唐肆也。吾服女也甚忘，女服吾也甚忘。雖然，女奚患焉！雖忘乎故吾，吾有不忘者存。」

孔子見老聃，老聃新沐，方將被髮而乾，熱然似非人。孔

子便而待之，少焉見，曰：「丘也眩與？其信然與？向者先生形體掘若槁木，似遺物離人而立於獨也。

老聃曰：「吾遊心於物之初。」

孔子曰：「何謂邪？」

曰：「心困焉而不能知，口辟焉而不能言，嘗為汝議乎其將。至陰肅肅，至陽赫赫；肅肅出乎天，赫赫發乎地；兩者交通成和而物生焉，或為之紀而莫見其形。消息滿虛，一晦一明，日改月化，日有所為，而莫見其功。生有所乎萌，死有所乎歸，始終相反乎无端，而莫知乎其所窮。非是也，且孰為之宗！」

孔子曰：「請問遊是。」

老聃曰：「夫得是，至美至樂也。得至美而遊乎至樂，謂之至人。」

孔子曰：「願聞其方。」

曰：「草食之獸不疾易藪，水生之蟲不疾易水，行小變而不失其大常也，喜怒哀樂不入於胸次。夫天下也者，萬物之所一也。得其所一而同焉，則四支百體將為塵垢，而死生終始將為晝夜而莫之能滑，而況得喪禍福之所介乎！棄隸者若棄泥塗，知身貴於隸也，貴在於我而不失於變。且萬化而未始有極也，夫孰足以患心！已為道者解乎此。」

孔子曰：「夫子德配天地，而猶假至言以修心，古之君子，孰能脫焉？

老聃曰：「不然。夫水之於汋也，无為而才自然矣。至人之於德也，不修而物不能離焉，若天之自高，地之自厚，日月之自明，夫何脩焉！」

孔子出，以告顏回曰：「丘之於道也，其猶醯雞與！微夫

子之發吾覆也，吾不知天地之大全也。」

莊子見魯哀公，哀公曰：「魯多儒士，少為先生方者。」

莊子曰：「魯少儒。」

哀公曰：「舉魯國而儒服，何謂少乎？」

莊子曰：「周聞之，儒者冠圜冠者，知天時；履句屨者，知地形；緩佩玦者，事至而斷。君子有其道者，未必為其服也；為其服者，未必知其道也。公固以為不然，何不號於國中曰：『无此道而為此服者，其罪死！』」

於是哀公號之五日，而魯國无敢儒服者，獨有一丈夫儒服而立乎公門。公即召而問以國事，千轉萬變而不窮。

莊子曰：「以魯國而儒者一人耳，可謂多乎？」

百里奚爵祿不入於心，故飯牛而牛肥，使秦穆公忘其賤，與之政也。有虞氏死生不入於心，故足以動人。

宋元君將畫圖，眾史皆至，受揖而立；舐筆和墨，在外者半。有一史後至者，儃儃然不趨，受揖不立，因之舍。公使人視之，則解衣般礴臝。君曰：「可矣，是真畫者也。

文王觀於臧，見一丈夫釣，而其釣莫釣；非持其釣有釣者也，常釣也。

文王欲舉而授之政，而恐大臣父兄之弗安也；欲終而釋之，而不忍百姓之无天也。於是旦而屬之大夫曰：「昔者寡人夢見良人，黑色而髯，乘駁馬而偏朱蹄，號曰：『寓而政於臧丈人，庶幾乎民有瘳乎！』」

諸大夫蹴然曰：「先君王也。」

文王曰：「然則卜之。」

諸大夫曰：「先君之命，王其无它，又何卜焉！」

遂迎臧丈人而授之政。典法无更，偏令无出。三年，文王觀於國，則列士壞植散羣，長官者不成德，鍼斛不敢入於四竟。列士壞植散羣，則尚同也；長官者不成德，則同務也，鍼斛不敢入於四竟，則諸侯无二心也。

文王於是焉以為大師，北面而問曰：「政可以及天下乎？」臧丈人昧然而不應，泛然而辭，朝令而夜遁，終身无聞。

顏淵問於仲尼曰：「文王其猶未邪？又何以夢為乎？」

仲尼曰：「默，汝无言！夫文王盡之也，而又何論刺焉！彼直以循斯須也。」

列禦寇為伯昏无人射，引之盈貫，措杯水其肘上，發之，適矢復沓，方矢復寓。當是時，猶象人也。

伯昏无人曰：「是射之射，非不射之射也。嘗與汝登高山，履危石，臨百仞之淵，若能射乎？」

於是无人遂登高山，履危石，臨百仞之淵，背逡巡，足二分垂在外，揖禦寇而進之。禦寇伏地，汗流至踵。

伯昏无人曰：「夫至人者，上闚青天，下潛黃泉，揮斥八極，神氣不變。今汝怵然有恂目之志，爾於中也殆矣夫！」

肩吾問於孫叔敖曰：「子三為令尹而不榮華，三去之而无憂色。吾始也疑子，今視子之鼻間栩栩然，子之用心獨奈何？」

孫叔敖曰：「吾何以過人哉！吾以其來不可卻也，其去不可止也，吾以為得失之非我也，而无憂色而已矣。我何以過人哉！且不知其在彼乎？其在我乎？其在彼邪？亡乎我；在我邪？亡乎彼。方將躊躇，方將四顧，何暇至乎人貴人賤哉！」

仲尼聞之曰：「古之真人，知者不得說，美人不得濫，盜人不得劫，伏戲黃帝不得友。死生亦大矣，而无變乎己，況爵祿乎！若然者，其神經乎大山而無介，入乎淵泉而不濡，處卑細而不憊，充滿天地，既以與人，己愈有。」

楚王與凡君坐，少焉，楚王左右曰凡亡者三。凡君曰：「凡之亡也，不足以喪吾存。夫『凡之亡不足以喪吾存』，則楚之存不足以存存。由是觀之，則凡未始亡而楚未始存也。」

知北遊第二十二

知北遊於玄水之上，登隱弅之丘，而適遭无為謂焉。知謂无為謂曰：「予欲有問乎若：何思何慮則知道？何處何服則安道？何從何道則得道？」三問而无為謂不答也。非不答，不知答也。

知不得問，反於白水之南，登狐闋之上，而睹狂屈焉。知以之言也問乎狂屈。狂屈曰：「唉！予知之，將語若，中欲言而忘其所欲言。」

知不得問，反於帝宮，見黃帝而問焉。黃帝曰：「无思无慮始知道，无處无服始安道，无從无道始得道。」

知問黃帝曰：「我與若知之，彼與彼不知也，其孰是邪？」

黃帝曰：「彼无為謂真是也，狂屈似之；我與汝終不近也。夫知者不言，言者不知，故聖人行不言之教。道不可致，德不可至。仁可為也，義可虧也，禮相偽也。故曰，『失道而後德，失德而後仁，失仁而後義，失義而後禮。禮者，道之華而亂之首也。』故曰，『為道者日損，損之又損之以至於无為，无為而无不為也。』今已為物也，欲復歸根，不亦難乎！其易也，其唯大人乎！

生也死之徒，死也生之始，孰知其紀！人之生，氣之聚也；聚則為生，散則為死。若死生為徒，吾又何患！故萬物一也。是其所美者為神奇，其所惡者為臭腐。臭腐復化為神奇，神奇復化為臭腐。故曰：『通天下一氣耳。』聖人故貴一。」

知謂黃帝曰：「吾問无為謂，无為謂不應我，非不我應，不知應我也。吾問狂屈，狂屈中欲告我而不我告，非不我告，中欲告而忘之也。今予問乎若，若知之，奚故不近？」

黃帝曰：「彼其真是也，以其不知也；此其似之也，以其忘之也；予與若終不近也，以其知之也。」

狂屈聞之，以黃帝為知言。

天地有大美而不言，四時有明法而不議，萬物有成理而不說。聖人者，原天地之美而達萬物之理。是故至人无為，大聖不作，觀於天地之謂也。

今彼神明至精，與彼百化。物已死生方圓，莫知其根也，扁然而萬物自古以固存。六合為巨，未離其內；秋豪為小，待之成體。天下莫不沉浮，終身不故；陰陽四時運行，各得其序。惛然若亡而存，油然不形而神，萬物畜而不知。此之謂本根，可以觀於天矣。

齧缺問道乎被衣，被衣曰：「若正汝形，一汝視，天和將至；攝汝知，一汝度，神將來舍。德將為汝美，道將為汝居，汝瞳焉如新生之犢而无求其故！」

言未卒，齧缺睡寐。被衣大說，行歌而去之，曰：「形若槁骸，心若死灰，真其實知，不以故自持。媒媒晦晦，无心而不可與謀。彼何人哉！

舜問乎丞曰：「道可得而有乎？」

曰：「汝身非汝有也，汝何得有夫道！」

舜曰：「吾身非吾有也，孰有之哉？」

曰：「是天地之委形也；生非汝有，是天地之委和也；性命非汝有，是天地之委順也；孫子非汝有，是天地之委蛻也。故行不知所往，處不知所持，食不知所味。天地之強陽氣也，又胡可得而有邪！」

孔子問於老聃曰：「今日晏閒，敢問至道。」

老聃曰：「汝齊戒，疏㵼而心，澡雪而精神，掊擊而知！夫道，窅然難言哉！將為汝言其崖略。

夫昭昭生於冥冥，有倫生於无形，精神生於道，形本生於精，而萬物以形相生。故九竅者胎生，八竅者卵生。其來无迹，其往无崖，无門无房，四達之皇皇也。邀於此者，四肢彊，思慮恂達，耳目聰明。其用心不勞，其應物无方。天不得不高，地不得不廣，日月不得不行，萬物不得不昌，此其道與！

且夫博之不必知，辯之不必慧，聖人以斷之矣！若夫益之而不加益，損之而不加損者，聖人之所保也。淵淵乎其若海，(巍巍)[魏魏]乎其終則復始也。運量萬物而不匱。則君子之道，彼其外與！萬物皆往資焉而不匱。此其道與！

中國有人焉，非陰非陽，處於天地之間，直且為人，將反於宗。自本觀之，生者，喑醷物也。雖有壽夭，相去幾何？須臾之說也，奚足以為堯桀之是非！果蓏有理，人倫雖難，所以相齒。聖人遭之而不違，過之而不守。調而應之，德也；偶而應之，道也；帝之所興，王之所起也。

人生天地之間，若白駒之過郤，忽然而已。注然勃然，莫不出焉；油然寥然，莫不入焉。已化而生，又化而死。生物哀

之，人類悲之。解其天弢，墮其天袟，紛乎宛乎，魂魄將往，乃身從之，乃大歸乎！不形之形，形之不形，是人之所同知也，非將至之所務也，此眾人之所同論也。彼至則不論，論則不至。明見无值，辯不若默。道不可聞，聞不若塞。此之謂大得。」

東郭子問於莊子曰：「所謂道，惡乎在？」

莊子曰：「无所不在。」

東郭子曰：「期而後可。」

莊子曰：「在螻蟻。」

曰：「何其下邪？」

曰：「在稊稗。」

曰：「何其愈下邪？」

曰：「在瓦甓。」

曰：「何其愈甚邪？」

曰：「在屎溺。」

東郭子不應。莊子曰：「夫子之問也，固不及質。正獲之問於監市履豨也，每下愈況。汝唯莫必，无乎逃物。至道若是，大言亦然。周徧咸三者，異名同實，其指一也。

嘗相與游乎无何有之宮，同合而論，无所終窮乎！嘗相與无為乎！澹而靜乎！漠而清乎！調而閒乎！寥已吾志，无往焉而不知其所至。去而來而不知其所止，吾已往來焉而不知其所終；彷徨乎馮閎，大知入焉而不知其所窮。物物者與物无際，而物有際者，所謂物際者也；不際之際，際之不際者也。謂盈虛衰殺，彼為盈虛非盈虛，彼為衰殺非衰殺，彼為本末非本末，彼為積散非積散也。」

妸荷甘與神農同學於老龍吉。神農隱几，闔戶晝瞑。妸荷甘日中奓戶而入，曰：「老龍死矣！」神農隱几擁杖而起，曝然放杖而笑，曰：「天知予僻陋慢訑，故棄予而死。已矣夫子！无所發予之狂言而死矣夫！

弇堈弔聞之，曰：「夫體道者，天下之君子所繫焉。今於道，秋豪之端萬分未得處一焉，而猶知藏其狂言而死，又況夫體道者乎！視之无形，聽之无聲，於人之論者，謂之冥冥，所以論道，而非道也。」

於是泰清問乎无窮曰：「子知道乎？」

无窮曰：「吾不知。」

又問乎无為，无為曰：「吾知道。」

曰：「子之知道，亦有數乎？」

曰：「有。」

曰：「其數若何？」

无為曰：「吾知道之可以貴，可以賤，可以約，可以散，此吾所以知道之數也。」

泰清以之言也問乎无始，曰：「若是，則无窮之弗知與无為之知，孰是而孰非乎？」

无始曰：「不知深矣，知之淺矣；弗知內矣，知之外矣。」

於是泰清中而歎曰：「弗知乃知乎！知乃不知乎！孰知不知之知？」

无始曰：「道不可聞，聞而非也；道不可見，見而非也；道不可言，言而非也。知形形之不形乎！道不當名。」

无始曰：「有問道而應之者，不知道也。雖問道者，亦未

聞道。道无問，問无應。无問問之，是問窮也；无應應之，是无內也。以无內待問窮，若是者，外不觀乎宇宙，內不知乎大初，是以不過乎崑崙，不遊乎太虛。

光曜問乎无有曰：「夫子有乎？其无有乎？」

光曜不得問，而孰視其狀貌，窅然空然，終日視之而不見，聽之而不聞，搏之而不得也。

光曜曰：「至矣，其孰能至此乎！予能有无矣，而未能无无也。及為无有矣，何從至此哉！」

大馬之捶鉤者，年八十矣，而不失豪芒。大馬曰：「子巧與？有道與？」

曰：「臣有守也。臣之年二十而好捶鉤，於物无視也，非鉤无察也。是用之者，假不用者也以長得其用，而況乎无不用者乎！物孰不資焉！」

冉求問於仲尼曰：「未有天地可知邪？」

仲尼曰：「可。古猶今也。」

冉求失問而退。明日復見，曰：「昔者吾問『未有天地可知乎？』夫子曰：『可。古猶今也。』昔日吾昭然，今日吾昧然。敢問何謂也？」

仲尼曰：「昔之昭然也，神者先受之；今之昧然也，且又為不神者求邪？无古无今，无始无終。未有子孫而有子孫，可乎？」

冉求未對。仲尼曰：「已矣，末應矣！不以生生死，不以死死生。死生有待邪？皆有所一體。有先天地生者物邪？物物者非物，物出不得先物也，猶其有物也。猶其有物也，无已。聖人之愛人也終无已者，亦乃取於是者也。」

顏淵問乎仲尼曰：「回嘗聞諸夫子曰：『无有所將，无有所迎。』回敢問其遊。」

仲尼曰：「古之人，外化而內不化，今之人，內化而外不化。與物化者，一不化者也。安化安不化，安與之相靡，必與之莫多。狶韋氏之囿，黃帝之圃，有虞氏之宮，湯武之室。君子之人，若儒墨者師，故以是非相 x 鏖 x* 也，而況今之人乎！聖人處物不傷物。不傷物者，物亦不能傷也。唯无所傷者，為能與人相將迎。山林與！皋壤與！使我欣欣然而樂與！樂未畢也，哀又繼之。哀樂之來，吾不能禦，其去弗能止。悲夫，世人直為物逆旅耳！夫知遇而不知所不遇，知能能而不能所不能。无知无能者，固人之所不免也。夫務免乎人之所不免者，豈不亦悲哉！至言去言，至為去為。齊知之所知，則淺矣。」

雜篇
庚桑楚第二十三

老耼之役有庚桑楚者，偏得老耼之道，以北居畏壘之山，其臣之畫然知者去之，其妾之挈然仁者遠之；擁腫之與居，鞅掌之為使。居三年，畏壘大壤。畏壘之民相與言曰：「庚桑子之始來，吾洒然異之。今吾日計之而不足，歲計之而有餘。庶幾其聖人乎！子胡不相與尸而祝之，社而稷之乎？

庚桑子聞之，南面而不釋然。弟子異之。庚桑子曰：「弟子何異於予？夫春氣發而百草生，正得秋而萬寶成。夫春與秋，豈无得而然哉？天道已行矣。吾聞至人，尸居環堵之室，而百姓猖狂不知所如往。今以畏壘之細民而竊竊焉欲俎豆予于賢人之間，我其杓之人邪？吾是以不釋於老耼之言。」

弟子曰：「不然。夫尋常之溝，巨魚无所還其體，而鯢鰌為之制；步仞之丘陵，巨獸无所隱其軀，而蘗狐為之祥。且夫尊賢授能，先善與利，自古堯舜以然，而況畏壘之民乎！夫子亦聽矣！」

庚桑子曰：「小子來！夫函車之獸，介而離山，則不免於罔罟之患；吞舟之魚，碭而失水，則蟻能苦之。故鳥獸不厭高，魚鱉不厭深。夫全其形生之人，藏其身也，不厭深眇而已矣！」

「且夫二子者，又何足以稱揚哉！是其於辯也，將妄鑿垣牆而殖蓬蒿也，簡髮而櫛，數米而炊，竊竊乎又何足以濟世哉！舉賢則民相軋，任知則民相盜。之數物者，不足以厚民。民之於利甚勤，子有殺父，臣有殺君，正晝為盜，日中穴阫。吾語女，大亂之本，必生於堯舜之間，其末存乎千世之後。千世之後，其必有人與人相食者也。

南榮趎蹴然正坐曰：「若趎之年者已長矣，將惡乎託業以及此言邪？

庚桑子曰：「全汝形，抱汝生，无使汝思慮營營。若此三年，則可以及此言矣。」

南榮趎曰：「目之與形，吾不知其異也，而盲者不能自見；耳之與形，吾不知其異也，而聾者不能自聞；心之與形，吾不知其異也，而狂者不能自得。形之與形亦辟矣，而物或間之邪，欲相求而不能相得？今謂趎曰：『全汝形，抱汝生，勿使汝思慮營營。』趎勉聞道達耳矣！

庚桑子曰：「辭盡矣。曰，奔蜂不能化藿蠋，越雞不能伏鵠卵，魯雞固能矣。雞之與雞，其德非不同也，有能與不能者，其才固有巨小也。今吾才小，不足以化子。子胡不南見老子！」

南榮趎贏糧，七日七夜至老子之所。

老子曰：「子自楚之所來乎？」南榮趎曰：「唯。

老子曰：「子何與人偕來之眾也？」南榮趎懼然顧其後。

老子曰：「子不知吾所謂乎？」

南榮趎俯而慚，仰而歎曰：「今者吾忘吾答，因失吾問。

老子曰：「何謂也？」

南榮趎曰：「不知乎？人謂我朱愚。知乎？反愁我軀。不仁則害人，仁則反愁我身；不義則傷彼，義則反愁我己。我安逃此而可？此三言者，趎之所患也，願因楚而問之。

老子曰：「向吾見若眉睫之間，吾因以得汝矣。今汝又言，而信之。若規規然若喪父母，揭竿而求諸海也。女亡人哉！惘

惘乎，汝欲反汝情性而无由入，可憐哉！」

南榮趎請入就舍，召其所好，去其所惡，十日自愁，復見老子。

老子曰：「汝自洒濯，熟哉鬱鬱乎！然而其中津津乎猶有惡也。夫外韄者不可繁而捉，將內揵；內韄者不可繆而捉，將外揵。外內韄者，道德不能持，而況放道而行者乎！」

南榮趎曰：「里人有病，里人問之，病者能言其病，病者猶未病也。若趎之聞大道，譬猶飲藥以加病也，趎願聞衛生之經而已矣。

老子曰：「衛生之經，能抱一乎？能勿失乎？能无卜筮而知吉凶乎？能止乎？能已乎？能舍諸人而求諸己乎？能翛然乎？能侗然乎？能兒子乎？兒子終日嘷而嗌不嗄，和之至也；終日握而手不掜，共其德也；終日視而目不瞚，偏不在外也。行不知所之，居不知所為，與物委蛇而同其波。是衛生之經已。

南榮趎曰：「然則是至人之德已乎？

曰：「非也。是乃所謂冰解凍釋者，能乎？夫至人者，相與交食乎地而交樂乎天，不以人物利害相攖，不相與為怪，不相與為謀，不相與為事，翛然而往，侗然而來。是謂衛生之經已。」

曰：「然則是至乎？」

曰：「未也。吾固告汝曰：『能兒子乎！』兒子動不知所為，行不知所之，身若槁木之枝而心若死灰。若是者，禍亦不至，福亦不來。禍福无有，惡有人災也！」

宇泰定者，發乎天光。發乎天光者，人見其人，[物見其物。]人有脩者，乃今有恆；有恆者，人舍之，天助之。人之

所舍，謂之天民；天之所助，謂之天子。

學者，學其所不能學也；行者，行其所不能行也；辯者，辯其所不能辯也。知止乎其所不能知，至矣；若有不即是者，天鈞敗之。

備物以將形，藏不虞以生心，敬中以達彼，若是而萬惡至者，皆天也，而非人也，不足以滑成，不可內於靈臺。靈臺者有持，而不知其所持，而不可持者也。

不見其誠己而發，每發而不當，業入而不舍，每更為失。為不善乎顯明之中者，人得而誅之；為不善乎幽閒之中者，鬼得而誅之。明乎人、明乎鬼者，然後能獨行。

券內者，行乎无名；券外者，志乎期費。行乎无名者，唯庸有光；志乎期費者，唯賈人也。人見其跂，猶之魁然。與物窮者，物入焉；與物且者，其身之不能容，焉能容人！不能容人者无親，无親者盡人。兵莫憯於志，鏌鋣為下；寇莫大於陰陽，无所逃於天地之間。非陰陽賊之，心則使之也。

道通，其分也。其成也毀也。所惡乎分者，其分也以備；所以惡乎備者，其有以備。故出而不反，見其鬼；出而得，是謂得死。滅而有實，鬼之一也。以有形者象无形者而定矣！

出无本，入无竅，有實而无乎處，有長而无乎本剽，有所出而无竅者有實。有實而无乎處者，宇也；有長而无本剽者，宙也。有乎生，有乎死；有乎出，有乎入。入出而无見其形，是謂天門。天門者，无有也。萬物出乎无有。有不能以有為有，必出乎无有，而无有一无有。聖人藏乎是。

古之人，其知有所至矣。惡乎至？有以為未始有物者，至矣，盡矣，弗可以加矣！其次以為有物矣，將以生為喪也，以死為反也，是以分已。其次曰始无有，既而有生，生俄而死；

以无有為首，以生為體，以死為尻；孰知有无死生之一守者，吾與之為友。是三者雖異，公族也，昭景也，著戴也，甲氏也，著封也：非一也。

有生，黬也，披然曰移是。嘗言移是，非所言也。雖然，不可知者也。臘者之有腸胲，可散而不可散也；觀室者周於寢廟，又適其偃焉！為是舉移是。

請常言移是。是以生為本，以知為師，因以乘是非。果有名實，因以己為質。使人以為己節，因以死償節。若然者，以用為知，以不用為愚；以徹為名，以窮為辱。移是，今之人也，是蜩與學鳩同於同也。

蹍市人之足，則辭以放驁，兄則以嫗，大親則已矣。故曰，至禮有不人，至義不物，至知不謀，至仁无親，至信辟金。

徹志之勃，解心之謬，去德之累，達道之塞。貴富顯嚴名利六者，勃志也。容動色理氣意六者，謬心也。惡欲喜怒哀樂六者，累德也。去就取與知能六者，塞道也。此四六者，不蕩胸中則正，正則靜，靜則明，明則虛，虛則无為而无不為也。道者，德之欽也；生者，德之光也；性者，生之質也。性之動，謂之為，為之偽謂之失。知者，接也；知者，謨也。知者之所不知，猶睨也。動以不得已之謂德，動无非我之謂治，名相反而實相順也。

羿工乎中微而拙乎使人无己譽；聖人工乎天而拙乎人；夫工乎天而俍乎人者，唯全人能之。唯蟲能蟲，唯蟲能天。全人惡天，惡人之天，而況吾天乎人乎！

一雀適羿，羿必得之，或也。以天下為之籠，則雀无所逃。是故湯以胞人籠伊尹，秦穆公以五羊之皮籠百里奚。是故非以其所好籠之而可得者，无有也。

介者拸畫，外非譽也。胥靡登高而不懼，遺死生也。夫復
謵不餽而忘人，忘人，因以為天人矣！故敬之而不喜，侮之而
不怒者，唯同乎天和者為然。出怒不怒，則怒出於不怒矣；出
為无為，則為出於无為矣！欲靜則平氣，欲神則順心。有為也。
欲當則緣於不得已，不得已之類，聖人之道。

徐无鬼第二十四

徐无鬼因女商見魏武侯，武侯勞之曰：「先生病矣！苦於
山林之勞，故乃肯見於寡人。」

徐无鬼曰：「我則勞於君，君有何勞於我！君將盈耆欲，
長好惡，則性命之情病矣；君將黜耆欲，掔好惡，則耳目病矣。
我將勞君，君有何勞於我！」武侯超然不對。

少焉，徐无鬼曰：「嘗語君，吾相狗也。下之質執飽而止，
是狸德也；中之質若視日，上之質若亡其一。吾相狗，又不若
吾相馬也。吾相馬，直者中繩，曲者中鉤，方者中矩，圓者中
規，是國馬也，而未若天下馬也。天下馬有成材，若卹若失，
若喪其一，若是者，超軼絕塵，不知其所。」武侯大悅而笑。

徐无鬼出，女商曰：「先生獨何以說吾君乎？吾所以說吾
君者，橫說之則以《詩》、《書》、《禮》、《樂》，從說則
以《金板》、《六弢》，奉事而大有功者不可為數，而吾君未
嘗啟齒。今先生何以說吾君，使吾君說若此乎？

徐无鬼曰：「吾直告之吾相狗馬耳。」

女商曰：「若是乎？」

曰：「子不聞夫越之流人乎？去國數日，見其所知而喜；
去國旬月，見所嘗見於國中者喜；及期年也，見似人者而喜矣；
不亦去人滋久，思人滋深乎？夫逃虛空者，藜藋柱乎鼪鼬之逕，

跟位其空，聞人足音跫然而喜矣，又況乎昆弟親戚之謦欬其側者乎！久矣夫莫以真人之言謦欬吾君之側乎！」

徐无鬼見武侯，武侯曰：「先生居山林，食芋栗，厭蔥韭，以賓寡人，久矣夫！今老邪？其欲干酒肉之味邪？其寡人亦有社稷之福邪？」

徐无鬼曰：「无鬼生於貧賤，未嘗敢飲食君之酒肉，將來勞君也。」

君曰：「何哉！奚勞寡人？」

曰：「勞君之神與形。」

武侯曰：「何謂邪？」

徐无鬼曰：「天地之養也一，登高不可以為長，居下不可以為短。君獨為萬乘之主，以苦一國之民，以養耳目鼻口，夫神者不自許也。夫神者，好和而惡姦；夫姦，病也，故勞之。唯君所病之何也？」

武侯曰：「欲見先生久矣。吾欲愛民而為義偃兵，其可乎？」

徐无鬼曰：「不可。愛民，害民之始也；為義偃兵，造兵之本也；君自此為之，則殆不成。凡成美，惡器也；君雖為仁義，幾且偽哉！形固造形，成固有伐，變固外戰。君亦必无盛鶴列於麗譙之間，无徒驥於錙壇之宮，无藏逆於得，无以巧勝人，无以謀勝人，无以戰勝人。夫殺人之士民，兼人之土地，以養吾私與吾神者，其戰不知孰善？勝之惡乎在？君若勿已矣！脩胷中之誠，以應天地之情而勿攖。夫民死已脫矣，君將惡乎用夫偃兵哉！

黃帝將見大隗乎具茨之山，方明為御，昌寓驂乘，張若諝

102

朋前馬，昆閽滑稽後車；至於襄城之野，七聖皆迷，无所問塗。

適遇牧馬童子，問塗焉，曰：「若知具茨之山乎？」曰：「然。」

「若知大隗之所存乎？」曰：「然。」

黃帝曰：「異哉小童！非徒知具茨之山，又知大隗之所存。請問為天下。」

小童曰：「夫為天下者，亦若此而已矣，又奚事焉！予少而自遊於六合之內，予適有瞀病，有長者教予曰：『若乘日之車而遊於襄城之野。』今予病少痊，予又且復遊於六合之外。夫為天下亦若此而已。予又奚事焉！

黃帝曰：「夫為天下者，則誠非吾子之事。雖然，請問為天下。」小童辭。

黃帝又問。小童曰：「夫為天下者，亦奚以異乎牧馬者哉！亦去其害馬者而已矣！」

黃帝再拜稽首，稱天師而退。

知士无思慮之變則不樂，辯士无談說之序則不樂，察士无淩誶之事則不樂，皆囿於物者也。

招世之士興朝，中民之士榮官，筋力之士矜難，勇敢之士奮患，兵革之士樂戰，枯槁之士宿名，法律之士廣治，禮教之士敬容，仁義之士貴際。農夫无草萊之事則不比，商賈无市井之事則不比。庶人有旦暮之業則勸，百工有器械之巧則壯。錢財不積則貪者憂，權勢不尤則夸者悲。勢物之徒樂變，遭時有所用，不能无為也。此皆順比於歲，不物於易者也。馳其形性，潛之萬物，終身不反，悲夫！

莊子曰：「射者非前期而中，謂之善射，天下皆羿也，可

乎?」

惠子曰:「可。」

莊子曰:「天下非有公是也,而各是其所是,天下皆堯也,可乎?」

惠子曰:「可。」

莊子曰:「然則儒墨楊秉四,與夫子為五,果孰是邪?或者若魯遽者邪?其弟子曰:『我得夫子之道矣!吾能冬爨鼎而夏造冰矣。』魯遽曰:『是直以陽召陽,以陰召陰,非吾所謂道也。吾示子乎吾道。』於是為之調瑟,廢一於堂,廢一於室,鼓宮宮動,鼓角角動,音律同矣。夫或改調一弦,於五音无當也,鼓之,二十五弦皆動,未始異於聲,而音之君已。且若是者邪?」

惠子曰:「今乎儒墨楊秉,且方與我以辯,相拂以辭,相鎮以聲,而未始吾非也,則奚若矣?」

莊子曰:「齊人蹢子於宋者,其命閽也不以完,其求鈃鍾也以束縛,其求唐子也而未始出域,有遺類矣!夫楚人寄而蹢閽者,夜半於无人之時而與舟人鬪,未始離於岑而足以造於怨也。

莊子送葬,過惠子之墓,顧謂從者曰:「郢人堊慢其鼻端若蠅翼,使匠人斲之。匠石運斤成風,聽而斲之,盡堊而鼻不傷,郢人立不失容。宋元君聞之,召匠石曰:『嘗試為寡人為之。』匠石曰:『臣則嘗能斲之。雖然,臣之質死久矣。』自夫子之死也,吾无以為質矣,吾无與言之矣。」

管仲有病,桓公問之曰:「仲父之病病矣,可不(謂)[諱],云至於大病,則寡人惡乎屬國而可?」

管仲曰：「公誰欲與？」

公曰：「鮑叔牙。」

曰：「不可。其為人絜廉善士也，其於不己若者不比之，又一聞人之過，終身不忘。使之治國，上且鉤乎君，下且逆乎民。其得罪於君也，將弗久矣！」

公曰：「然則孰可？」

對曰：「勿已，則隰朋可。其為人也，上忘而下畔，愧不若黃帝而哀不己若者。以德分人謂之聖，以財分人謂之賢。以賢臨人，未有得人者也；以賢下人，未有不得人者也。其於國有不聞也，其於家有不見也。勿已，則隰朋可。」

吳王浮於江，登乎狙之山。眾狙見之，恂然棄而走，逃於深蓁。有一狙焉，委蛇攫(搔-虫+爪)，見巧乎王。王射之，敏給搏捷矢。王命相者趨射之，狙執死。

王顧謂其友顏不疑曰：「之狙也，伐其巧恃其便以敖予，以至此殛也！戒之哉！嗟乎，无以汝色驕人哉！」顏不疑歸而師董梧以助其色，去樂辭顯，三年而國人稱之。

南伯子綦隱几而坐，仰天而噓。顏成子入見曰：「夫子，物之尤也。形固可使若槁骸，心固可使若死灰乎？」

曰：「吾嘗居山穴之中矣。當是時也，田禾一覩我，而齊國之眾三賀之。我必先之，彼故知之；我必賣之，彼故鬻之。若我而不有之，彼惡得而知之？若我而不賣之，彼惡得而鬻之？嗟乎！我悲人之自喪者，吾又悲夫悲人者，吾又悲夫悲人之悲者，其後而日遠矣。」

仲尼之楚，楚王觴之。孫叔敖執爵而立，市南宜僚受酒而祭，曰：「古之人乎！於此言已。」

曰：「丘也聞不言之言矣，未之嘗言，於此乎言之。市南宜僚弄丸而兩家之難解，孫叔敖甘寢秉羽而郢人投兵。丘願有喙三尺。」

彼之謂不道之道，此之謂不言之辯，故德總乎道之所一。而言休乎知之所不知，至矣。道之所一者，德不能同也；知之所不能知者，辯不能舉也；名若儒墨而凶矣。故海不辭東流，大之至也；聖人并包天地，澤及天下，而不知其誰氏。是故生无爵，死无謚，實不聚，名不立，此之謂大人。狗不以善吠為良，人不以善言為賢，而況為大乎！夫為大不足以為大，而況為德乎！夫大備矣，莫若天地；然奚求焉，而大備矣。知大備者，无求，无失，无棄，不以物易己也。反己而不窮，循古而不摩，大人之誠。

子綦有八子，陳諸前，召九方歅曰：「為我相吾子，孰為祥？

九方歅曰：「梱也為祥。

子綦瞿然喜曰：「奚若？」曰：「梱也將與國君同食以終其身。」

子綦索然出涕曰：「吾子何為以至於是極也！」

九方歅曰：「夫與國君同食，澤及三族，而況父母乎！今夫子聞之而泣，是禦福也。子則祥矣，父則不祥。

子綦曰：「歅，汝何足以識之。而梱祥邪？盡於酒肉，入於鼻口矣，而何足以知其所自來？吾未嘗為牧而牂生於奧，未嘗好田而鶉生於宎，若勿怪，何邪？吾所與吾子遊者，遊於天地。吾與之邀樂於天，吾與之邀食於地；吾不與之為事，不與之為謀，不與之為怪；吾與之乘天地之誠而不以物與之相攖，吾與之一委蛇而不與之為事所宜。今也然有世俗之償焉！凡有

怪徵者，必有怪行，殆乎。非我與吾子之罪，幾天與之也！吾是以泣也。

无幾何而使梱之於燕，盜得之於道，全而鬻之則難，不若刖之則易。於是乎刖而鬻之於齊，適當渠公之街，然身食肉而終。

齧缺遇許由，曰：「子將奚之？」

曰：「將逃堯。」

曰：「奚謂邪？」

曰：「夫堯，畜畜然仁，吾恐其為天下笑。後世其人與人相食與！夫民，不難聚也；愛之則親，利之則至，譽之則勸，致其所惡則散。愛利出乎仁義，捐仁義者寡，利仁義者眾。夫仁義之行，唯且无誠，且假乎禽貪者器。是以一人之斷制利天下，譬之猶一覕也。夫堯知賢人之利天下也，而不知其賊天下也，夫唯外乎賢者知之矣。」

有暖姝者，有濡需者，有卷婁者。

所謂暖姝者，學一先生之言，則暖暖姝姝而私自說也，自以為足矣，而未知未始有物也，是以謂暖姝者也。

濡需者，豕蝨是也，擇疏鬣自以為廣宮大囿，奎蹄曲隈，乳間股腳，自以為安室利處，不知屠者之一旦鼓臂布草操煙火，而己與豕俱焦也。此以域進，此以域退，此其所謂濡需者也。

卷婁者，舜也。羊肉不慕蟻，蟻慕羊肉，羊肉羶也。舜有羶行，百姓悅之，故三徙成都，至鄧之虛而十有萬家。堯聞舜之賢，舉之童土之地，曰冀得其來之澤。舜舉乎童土之地，年齒長矣，聰明衰矣，而不得休歸，所謂卷婁者也。

是以神人惡眾至，眾至則不比，不比則不利也。故无所甚

親，无所甚疏，抱德煬和以順天下，此謂真人。於蟻棄知，於魚得計，於羊棄意。

以目視目，以耳聽耳，以心復心。若然者，其平也繩，其變也循。古之真人，以天待(之)[人]，不以人入天。古之真人，得之也生，失之也死；得之也死，失之也生。

藥也其實，菫也，桔梗也，雞𤓌也，豕零也，是時為帝者也，何可勝言！

句踐也以甲楯三千棲於會稽。唯種也能知亡之所以存，唯種也不知其身之所以愁。故曰，鴟目有所適，鶴脛有所節，解之也悲。

故曰，風之過河也有損焉，日之過河也有損焉。請只風與日相與守河，而河以為未始其攖也，恃源而往者也。故水之守土也審，影之守人也審，物之守物也審。

故目之於明也殆，耳之於聰也殆，心之於殉也殆。凡能其於府也殆，殆之成也不給改。禍之長也茲萃，其反也緣功，其果也待久。而人以為己寶，不亦悲乎！故有亡國戮民无已，不知問是也。

故足之於地也踐，雖踐，恃其所不蹍而後善博也；人之於知也少，雖少，恃其所不知而後知天之所謂也。知大一，知大陰，知大目，知大均，知大方，知大信，知大定，至矣。大一通之，大陰解之，大目視之，大均緣之，大方體之，大信稽之，大定持之。

盡有天，循有照，冥有樞，始有彼。則其解之也似不解之者，其知之也似不知之也，不知而後知之。其問之也，不可以有崖，而不可以无崖。頡滑有實，古今不代，而不可以虧，則可不謂有大揚搉乎！闔不亦問是已，奚惑然為！以不惑解惑，

復於不惑，是尚大不惑。

則陽第二十五

則陽游於楚，夷節言之於王，王未之見，夷節歸。

彭陽見王果曰：「夫子何不譚我於王？」

王果曰：「我不若公閱休。

彭陽曰：「公閱休奚為者邪？

曰：「冬則擉鼈於江，夏則休乎山樊。有過而問者，曰：『此予宅也。』夫夷節已不能，而況我乎！吾又不若夷節。夫夷節之為人也，无德而有知，不自許，以之神其交固，顛冥乎富貴之地，非相助以德，相助消也。夫凍者假衣於春，暍者反冬乎冷風。夫楚王之為人也，形尊而嚴；其於罪也，無赦如虎；非夫佞人正德，其孰能橈焉！

故聖人，其窮也使家人忘其貧，其達也使王公忘爵祿而化卑。其於物也，與之為娛矣；其於人也，樂物之通而保己焉；故或不言而飲人以和，與人並立而使人化。父子之宜，彼其乎歸居，而一閒其所施。其於人心者若是其遠也。故曰待公閱休。

聖人達綢繆，周盡一體矣，而不知其然，性也。復命搖作而以天為師，人則從而命之也。憂乎知而所行恆无幾時，其有止也若之何！

生而美者，人與之鑑，不告則不知其美於人也。若知之，若不知之，若聞之，若不聞之，其可喜也終无已，人之好之亦无已，性也。聖人之愛人也，人與之名，不告則不知其愛人也。若知之，若不知之，若聞之，若不聞之，其愛人也終无已，人之安之亦无已，性也。

舊國舊都，望之暢然；雖使丘陵草木之緡，入之者十九，

猶之暢然。況見見聞聞者也，以十仞之臺縣眾閒者也。

冉相氏得其環中以隨成，與物无終无始，无幾无時。日與物化者，一不化者也，闔嘗舍之！夫師天而不得師天，與物皆殉，其以為事也若之何？夫聖人未始有天，未始有人，未始有始，未始有物，與世偕行而不替，所行之備而不洫，其合之也若之何？湯得其司御門尹登恆為之傅之，從師而不囿；得其隨成。為之司其名；之名嬴法，得其兩見。仲尼之盡慮，為之傅之。容成氏曰：「除日无歲，无內无外。

魏瑩與田侯牟約，田侯牟背之，魏瑩怒，將使人刺之。

犀首[公孫衍]聞而恥之，曰：「君為萬乘之君也，而以匹夫從讎！衍請受甲二十萬，為君攻之，虜其人民，係其牛馬，使其君內熱發於背。然後拔其國。忌也出走，然後扶其背，折其脊。

季子聞而恥之，曰：「築十仞之城，城者既十仞矣，則又壞之，此胥靡之所苦也。今兵不起七年矣，此王之基也。衍亂人，不可聽也。」

華子聞而醜之，曰：「善言伐齊者，亂人也；善言勿伐者，亦亂人也；謂伐之與不伐亂人也者，又亂人也。」

君曰：「然則若何？」

曰：「君求其道而已矣！」

惠子聞之而見戴晉人。戴晉人曰：「有所謂蝸者，君知之乎？」

曰：「然。」

「有國於蝸之左角者曰觸氏，有國於蝸之右角者曰蠻氏。時相與爭地而戰，伏尸數萬，逐北旬有五日而後反。」

君曰：「噫！其虛言與？」

曰：「臣請為君實之。君以意在四方上下有窮乎？」

君曰：「無窮。」

曰：「知遊心於無窮，而反在通達之國，若存若亡乎？」

君曰：「然。」

曰：「通達之中有魏，於魏中有梁，於梁中有王。王與蠻氏，有辯乎？」

君曰：「无辯。」

客出而君惝然若有亡也。

客出，惠子見。君曰：「客，大人也，聖人不足以當之。」

惠子曰：「夫吹莞也，猶有嗃也；吹劍首者，吷而已矣。堯舜，人之所譽也；道堯舜於戴晉人之前，譬猶一吷也。

孔子之楚，舍於蟻丘之漿。其鄰有夫妻臣妾登極者，子路曰：「是稯稯何為者邪？」

仲尼曰：「是聖人僕也。是自埋於民，自藏於畔。其聲銷，其志無窮，其口雖言，其心未嘗言，方且與世違而心不屑與之俱。是陸沈者也，是其市南宜僚邪？」

子路請往召之。

孔子曰：「已矣！彼知丘之著於己也，知丘之適楚也，以丘為必使楚王之召己也，彼且以丘為佞人也。夫若然者，其於佞人也羞聞其言，而況親見其身乎！而何以為存？」

子路往視之，其室虛矣。

長梧封人問子牢曰：「君為政焉勿鹵莽，治民焉勿滅裂。昔予為禾，耕而鹵莽之，則其實亦鹵莽而報予；芸而滅裂之，其實亦滅裂而報予。予來年變齊，深其耕而熟耰之，其禾蘩以滋，予終年厭飱。」

莊子聞之曰：「今人之治其形，理其心，多有似封人之所謂，遁其天，離其性，滅其情，亡其神，以眾為。故鹵莽其性者，欲惡之孽，為性萑葦蒹葭，始萌以扶吾形，尋擢吾性；並潰漏發，不擇所出，漂疽疥癰，內熱溲膏是也。

柏矩學於老聃，曰：「請之天下遊。」

老聃曰：「已矣！天下猶是也。」

又請之，老聃曰：「汝將何始？」

曰：「始於齊。」

至齊，見辜人焉，推而強之，解朝服而幕之，號天而哭之，曰：「子乎！子乎！天下有大菑，子獨先離之，曰莫為盜！莫為殺人！榮辱立，然後覩所病；貨財聚，然後覩所爭。今立人之所病，聚人之所爭，窮困人之身使无休時，欲无至此，得乎！」

「古之君人者，以得為在民，以失為在己；以正為在民，以枉為在己；故一形有失其形者，退而自責。今則不然，匿為物而愚不識，大為難而罪不敢，重為任而罰不勝，遠其塗而誅不至。民知力竭，則以偽繼之，日出多偽，士民安取不偽！夫力不足則偽，知不足則欺，財不足則盜。盜竊之行，於誰責而可乎？」

蘧伯玉行年六十而六十化，未嘗不始於是之而卒詘之以非也，未知今之所謂是之非五十九非也。萬物有乎生而莫見其根，

有乎出而莫見其門。人皆尊其知之所知，而莫知恃其知之所不知而後知，可不謂大疑乎！已乎！已乎！且無所逃。此所謂然與，然乎？

仲尼問於大史大弢、伯常騫、狶韋曰：「夫衛靈公飲酒湛樂，不聽國家之政；田獵畢弋，不應諸侯之際；其所以為靈公者何邪？」

大弢曰：「是因是也。」

伯常騫曰：「夫靈公有妻三人，同濫而浴。史鰌奉御而進所，搏幣而扶翼。其慢若彼之甚也，見賢人若此其肅也，是其所以為靈公也。」

狶韋曰：「夫靈公也死，卜葬於故墓不吉，卜葬於沙丘而吉。掘之數仞，得石槨焉，洗而視之，有銘焉，曰：『不馮其子，靈公奪而里之。』夫靈公之為靈也久矣，之二人何足以識之！

少知問於大公調曰：「何謂丘里之言？」

大公調曰：「丘里者，合十姓百名而以為風俗也，合異以為同，散同以為異。今指馬之百體而不得馬，而馬係於前者，立其百體而謂之馬也。是故丘山積卑而為高，江河合水而為大，大人合并而為公。是以自外入者，有主而不執；由中出者，有正而不距。四時殊氣，天不賜，故歲成；五官殊職，君不私，故國治；文武大人不賜，故德備；萬物殊理，道不私，故無名。無名故無為，無為而無不為。時有終始，世有變化。禍福淳淳，至有所拂者而有所宜；自殉殊面，有所正者有所差。比於(太)[大]澤，百材皆度；觀於大山，木石同壇。此之謂丘里之言。」

少知曰：「然則謂之道，足乎？」

大公調曰：「不然。今計物之數，不止於萬，而期曰萬物者，以數之多者號而讀之也。是故天地者，形之大者也；陰陽者，氣之大者也；道者為之公。因其大以號而讀之則可也，已有之矣，乃將得比哉！則若以斯辯，譬猶狗馬，其不及遠矣。」

少知曰：「四方之內，六合之裏，萬物之所生惡起？

大公調曰：「陰陽相照相蓋相治，四時相代相生相殺，欲惡去就於是橋起，雌雄片合於是庸有。安危相易，禍福相生，緩急相摩，聚散以成。此名實之可紀，精微之可志也。隨序之相理，橋運之相使，窮則反，終則始。此物之所有，言之所盡，知之所至，極物而已。覩道之人，不隨其所廢，不原其所起，此議之所止。」

少知曰：「季真之莫為，接子之或使，二家之議，孰正於其情，孰偏於其理？」

大公調曰：「雞鳴狗吠，是人之所知；雖有大知，不能以言讀其所自化，又不能以意其所將為。斯而析之，精至於无倫，大至於不可圍，或之使，莫之為，未免於物而終以為過。或使則實，莫為則虛。有名有實，是物之居；无名无實，在物之虛。可言可意，言而愈疏。未生不可忌，已死不可徂。死生非遠也，理不可覩。或之使，莫之為，疑之所假。吾觀之本，其往无窮；吾求之末，其來无止。无窮无止，言之无也，與物同理；或使莫為，言之本也，與物終始。道不可有，有不可无。道之為名，所假而行。或使莫為，在物一曲，夫胡為於大方？言而足，則終日言而盡道；言而不足，則終日言而盡物。道物之極，言默不足以載；非言非默，議有所極。」

外物第二十六

外物不可必，故龍逢誅，比干戮，箕子狂，惡來死，桀紂亡。人主莫不欲其臣之忠，而忠未必信，故伍員流于江，萇弘死于蜀，藏其血三年而化為碧。人親莫不欲其子之孝，而孝未必愛，故孝己憂而曾參悲。木與木相摩則然，金與火相守則流。陰陽錯行，則天地大絃，於是乎有雷有霆，水中有火，乃焚大槐。有甚憂兩陷而无所逃，螽蜳不得成，心若縣於天地之間，慰暋沈屯，利害相摩，生火甚多，眾人焚和，月固不勝火，於是乎有僓然而道盡。

莊周家貧，故往貸粟於監河侯。監河侯曰：「諾。我將得邑金，將貸子三百金，可乎？」

莊周忿然作色曰：「周昨來，有中道而呼者。周顧視車轍，中有鮒魚焉。周問之曰：『鮒魚來，子何為者耶？』對曰：『我，東海之波臣也。君豈有斗升之水而活我哉？』周曰：『諾，我且南遊吳越之王，激西江之水而迎子，可乎？』鮒魚忿然作色曰：『吾失我常與，我无所處。吾得斗升之水然活耳，君乃言此，曾不如早索我於枯魚之肆！』

任公子為大鉤巨緇，五十犗以為餌，蹲乎會稽，投竿東海，旦旦而釣，期年不得魚。已而大魚食之，牽巨鉤，錎沒而下(鶩)[騖]，揚而奮鬐，白波若山，海水震蕩，聲侔鬼神，憚赫千里。任公子得若魚，離而腊之，自制河以東，蒼梧已北，莫不厭若魚者。已而後世輇才諷說之徒，皆驚而相告也。夫揭竿累，趣灌瀆，守鯢鮒，其於得大魚難矣，飾小說以干縣令，其於大達亦遠矣，是以未嘗聞任氏之風俗，其不可與經於世亦遠矣。

儒以《詩》、《禮》發冢，大儒臚傳曰：「東方作矣，事

之何若？」

小儒曰：「未解裙襦，口中有珠。詩固有之曰：『青青之麥，生於陵陂。生不布施，死何含珠為！』接其鬢，壓其顪，儒以金椎控其頤，徐別其頰，无傷口中珠！」

老萊子之弟子出薪，遇仲尼，反以告，曰：「有人於彼，脩上而趨下，末僂而後耳，視若營四海，不知其誰氏之子。」

老萊子曰：「是丘也。召而來。」

仲尼至。曰：「丘！去汝躬矜與汝容知，斯為君子矣。」

仲尼揖而退，蹙然改容而問曰：「業可得進乎？」

老萊子曰：「夫不忍一世之傷而驁萬世之患，抑固窶邪，亡其略弗及邪？惠以歡為驁，終身之醜，中民之行進焉耳，相引以名，相結以隱。與其譽堯而非桀，不如兩忘而閉其所譽。反无非傷也。動无非邪也。聖人躊躇以興事，以每成功。奈何哉其載焉終矜爾！」

宋元君夜半而夢人被髮闚阿門，曰：「予自宰路之淵，予為清江使河伯之所，漁者余且得予。」

元君覺，使人占之，曰：「此神龜也。」

君曰：「漁者有余且乎？」

左右曰：「有。」

君曰：「令余且會朝。」

明日，余且朝。君曰：「漁何得？」

對曰：「且之網得白龜焉，其圓五尺。」

君曰：「獻若之龜。」

116

龜至，君再欲殺之，再欲活之，心疑，卜之。曰：「殺龜以卜吉。」乃刳龜，七十二鑽而无遺筴。

仲尼曰：「神龜能見夢於元君，而不能避余且之網；知能七十二鑽而无遺筴，不能避刳腸之患。如是，則知有所困，神有所不及也。雖有至知，萬人謀之。魚不畏網而畏鵜鶘。去小知而大知明，去善而自善矣。嬰兒生无石師而能言，與能言者處也。」

惠子謂莊子曰：「子言无用。」

莊子曰：「知无用而始可與言用矣。夫地非不廣且大也，人之所用容足耳。然則廁足而墊之致黃泉，人尚有用乎？」惠子曰：「无用。」

莊子曰：「然則无用之為用也亦明矣。」

莊子曰：「人有能遊，且得不遊乎？人而不能遊，且得遊乎？夫流遁之志，決絕之行，噫，其非至知厚德之任與！覆墜而不反，火馳而不顧，雖相與為君臣，時也，易世而无以相賤。故曰至人不留行焉。

夫尊古而卑今，學者之流也。且以狶韋氏之流觀今之世，夫孰能不波，唯至人乃能遊於世而不僻，順人而不失己。彼教不學，承意不彼。

目徹為明，耳徹為聰，鼻徹為顫，口徹為甘，心徹為知，知徹為德。凡道不欲壅，壅則哽，哽而不止則跈，跈則眾害生。物之有知者恃息，其不殷，非天之罪。天之穿之，日夜无降，人則顧塞其竇。胞有重閬，心有天遊。室无空虛，則婦姑勃豀；心无天遊，則六鑿相攘，大林丘山之善於人也，亦神者不勝。

德溢乎名，名溢乎暴，謀稽乎誸，知出乎爭，柴生乎守，

官事果乎眾宜。春雨日時，草木怒生，銚鎒於是乎始脩，草木之到植者過半而不知其然。

靜然可以補病，眥𠛬以休老，寧可以止遽。雖然，若是，勞者之務也，非佚者之所未嘗過而問焉。聖人之所以駴天下，神人未嘗過而問焉；賢人之所以駴世，聖人未嘗過而問焉；君子所以駴國，賢人未嘗過而問焉；小人所以合時，君子未嘗過而問焉。演門有親死者，以善毀爵為官師，其黨人毀而死者半。堯與許由天下，許由逃之；湯與務光，務光怒之，紀他聞之，帥弟子而踆於窾水，諸侯弔之，三年，申徒狄因以踣河。荃者所以在魚，得魚而忘荃；蹄者所以在兔，得兔而忘蹄；言者所以在意，得意而忘言。吾安得夫忘言之人而與之言哉！」

寓言第二十七

寓言十九，重言十七，卮言日出，和以天倪。

寓言十九，藉外論之。親父不為其子媒。親父譽之，不若非其父者也；非吾罪也，人之罪也。與己同則應，不與己同則反；同於己為是之，異於己為非之。

重言十七，所以已言也，是為耆艾。年先矣，而无經緯本末以期年耆者，是非先也。人而无以先人，无人道也；人而无人道，是之謂陳人。

卮言日出，和以天倪，因以曼衍，所以窮年。不言則齊，齊與言不齊，言與齊不齊也，故曰无言。言无言，終身言，未嘗不言；終身不言，未嘗不言。有自也而可，有自也而不可；有自也而然，有自也而不然。惡乎然？然於然。惡乎不然？不然於不然。惡乎可？可於可。惡乎不可？不可於不可。物固有所然，物固有所可，无物不然，无物不可。非卮言日出，和以天倪，孰得其久！萬物皆種也，以不同形相禪，始卒若環，莫

得其倫，是謂天均。天均者，天倪也。

莊子謂惠子曰：「孔子行年六十而六十化，始時所是，卒而非之，未知今之所謂是之非五十九非也。」

惠子曰：「孔子勤志服知也。」

莊子曰：「孔子謝之矣，而其未之嘗言也。孔子云：『夫受才乎大本，復靈以生。』鳴而當律，言而當法，利義陳乎前，而好惡是非直服人之口而已矣。使人乃以心服，而不敢蘁立，定天下之定。已乎已乎！吾且不得及彼乎！

曾子再仕而心再化，曰：「吾及親仕，三釜而心樂；後仕，三千鍾而不洎，吾心悲。」

弟子問於仲尼曰：「若參者，可謂无所縣其罪乎？」

曰：「既已縣矣。夫无所縣者，可以有哀乎？彼視三釜三千鍾，如觀雀蚊虻相過乎前也。」

顏成子游謂東郭子綦曰：「自吾聞子之言，一年而野，二年而從，三年而通，四年而物，五年而來，六年而鬼入，七年而天成，八年而不知死，不知生，九年而大妙。

生有為，死也。勸公，以其死也，有自也；而生陽也，无自也。而果然乎？惡乎其所適？惡乎其所不適？天有曆數，地有人據，吾惡乎求之？莫知其所終，若之何其无命也？莫知其所始，若之何其有命也？有以相應也，若之何其无鬼邪？无以相應也，若之何其有鬼邪？」

眾罔兩問於景曰：「若向也俯而今也仰，向也括[撮]而今也被髮，向也坐而今也起，向也行而今也止，何也？」

景曰：「搜搜也，奚稍問也！予有而不知其所以。予，蜩甲也，蛇蛻也，似之而非也。火與日，吾屯也；陰與夜，吾代

119

也。彼吾所以有待邪？而況乎以[无]有待者乎！彼來則我與之來，彼往則我與之往，彼強陽則我與之強陽。強陽者，又何以有問乎？」

陽子居南之沛，老聃西遊於秦，邀於郊，至於梁而遇老子。老子中道仰天而歎曰：「始以汝為可教，今不可也。」

陽子居不答。至舍，進盥漱巾櫛，脫履戶外，膝行而前，曰：「向者弟子欲請夫子，夫子行不閒，是以不敢。今閒矣，請問其過。

老子曰：「而睢睢盱盱，而誰與居？大白若辱，盛德若不足。」

陽子居蹴然變容曰：「敬聞命矣！

其往也，舍者迎將，其家公執席，妻執巾櫛，舍者避席，煬者避竈。其反也，舍者與之爭席矣！

讓王第二十八

堯以天下讓許由，許由不受。又讓於子州支父，子州之父曰：「以我為天子，猶之可也。雖然，我適有幽憂之病。方且治之，未暇治天下也。」夫天下至重也，而不以害其生，又況他物乎！唯无以天下為者，可以託天下也。

舜讓天下於子州支伯，子州支伯曰：「予適有幽憂之病，方且治之，未暇治天下也。」故天下大器也，而不以易生，此有道者之所以異乎俗者也。

舜以天下讓善卷，善卷曰：「余立於宇宙之中，冬日衣皮毛，夏日衣葛絺；春耕種，形足以勞動；秋收斂，身足以休食；日出而作，日入而息，逍遙於天地之間而心意自得。吾何以天

下為哉！悲夫，子之不知余也！」遂不受。於是去而入深山，莫知其處。

舜以天下讓其友石戶之農。石戶之農曰：「捲捲乎后之為人，葆力之士也！」以舜之德為未至也。於是夫負妻戴，攜子以入於海，終身不反也。

大王亶父居邠，狄人攻之；事之以皮帛而不受，事之以犬馬而不受，事之以珠玉而不受，狄人之所求者土地也。大王亶父曰：「與人之兄居而殺其弟，與人之父居而殺其子，吾不忍也。子皆勉居矣！為吾臣與為狄人臣奚以異！且吾聞之，不以所用養害所養。」因杖筴而去之。民相連而從之，遂成國於岐山之下。夫大王亶父，可謂能尊生矣。能尊生者，雖貴富不以養傷身，雖貧賤不以利累形。今世之人，居高官尊爵者，皆重失之，見利輕亡其身，豈不惑哉！

越人三世弒其君，王子搜患之，逃乎丹穴。而越國無君，求王子搜不得，從之丹穴。王子搜不肯出，越人薰之以艾。乘以王輿。王子搜援綏登車，仰天而呼曰：「君乎，君乎！獨不可以舍我乎！」王子搜非惡為君也，惡為君之患也。若王子搜者，可謂不以國傷生矣，此固越人之所欲得為君也。

韓魏相與爭侵地。子華子見昭僖侯，昭僖侯有憂色。子華子曰：「今使天下書銘於君之前，書之言曰：『左手攫之則右手廢，右手攫之則左手廢，然而攫之者必有天下。』君能攫之乎？」

昭僖侯曰：「寡人不攫也。」

子華子曰：「甚善！自是觀之，兩臂重於天下也，身亦重於兩臂。韓之輕於天下亦遠矣，今之所爭者，其輕於韓又遠。君固愁身傷生以憂戚不得也！」

僖侯曰：「善哉！教寡人者衆矣，未嘗得聞此言也。」子華子可謂知輕重矣。

魯君聞顏闔得道之人也，使人以幣先焉。顏闔守陋閭，苴布之衣而自飯牛。魯君之使者至，顏闔自對之。使者曰：「此顏闔之家與？」顏闔對曰：「此闔之家也。」使者致幣，顏闔對曰：「恐聽者謬而遺使者罪，不若審之。」使者還，反審之，復來求之，則不得已。故若顏闔者，真惡富貴也。

故曰，道之真以治身，其緒餘以為國家，其土苴以治天下。由此觀之，帝王之功，聖人之餘事也，非所以完身養生也。今世俗之君子，多危身棄生以殉物，豈不悲哉！凡聖人之動作也，必察其所以之與其所以為。今且有人於此，以隨侯之珠彈千仞之雀，世必笑之，是何也？則其所用者重而所要者輕也。夫生者，豈特隨侯之重哉！

子列子窮，容貌有飢色。客有言之於鄭子陽者，曰：「列禦寇，蓋有道之士也，居君之國而窮，君无乃為不好士乎？」鄭子陽即令官遺之粟。子列子見使者，再拜而辭。

使者去，子列子入，其妻望之而拊心曰：「妾聞為有道者之妻子，皆得佚樂，今有飢色。君過而遺先生食，先生不受，豈不命邪！」

子列子笑謂之曰：「君非自知我也，以人之言而遺我粟，至其罪我也又且以人之言，此吾所以不受也。」其卒，民果作難而殺子陽。

楚昭王失國，屠羊說走而從於昭王。昭王反國，將賞從者，及屠羊說。屠羊說曰：「大王失國，說失屠羊；大王反國，說亦反屠羊。臣之爵祿已復矣，又何賞之有！

王曰：「強之。」

屠羊說曰：「大王失國，非臣之罪，故不敢伏其誅；大王反國，非臣之功，故不敢當其賞。」

王曰：「見之！」

屠羊說曰：「楚國之法，必有重賞大功而後得見，今臣之知不足以存國而勇不足以死寇。吳軍入郢，說畏難而避寇，非故隨大王也。今大王欲廢法毀約而見說，此非臣之所以聞於天下也。」

王謂司馬子綦曰：「屠羊說居處卑賤而陳義甚高，子綦為我延之以三旌之位。」

屠羊說曰：「夫三旌之位，吾知其貴於屠羊之肆也；萬鍾之祿，吾知其富於屠羊之利也；然豈可以貪爵祿而使吾君有妄施之名乎！說不敢當，願復反吾屠羊之肆。」遂不受也。

原憲居魯，環堵之室，茨以生草；蓬戶不完，桑以為樞；而甕牖二室，褐以為塞；上漏下溼，匡坐而弦。

子貢乘大馬，中紺而表素，軒車不容巷，往見原憲。原憲華冠縰履，杖藜而應門。

子貢曰：「嘻！先生何病？」

原憲應之曰：「憲聞之，无財謂之貧，學而不能行謂之病。今憲，貧也，非病也。」子貢逡巡而有愧色。

原憲笑曰：「夫希世而行，比周而友，學以為人，教以為己，仁義之慝，輿馬之飾，憲不忍為也。」

曾子居衛，縕袍无表，顏色腫噲，手足胼胝。三日不舉火，十年不製衣，正冠而纓絕，捉衿而肘見，納屨而踵決。曳縰而歌商頌，聲滿天地，若出金石。天子不得臣，諸侯不得友。故養志者忘形，養形者忘利，致道者忘心矣。

123

孔子謂顏回曰：「回，來！家貧居卑，胡不仕乎？」

顏回對曰：「不願仕。回有郭外之田五十畝，足以給飦粥；郭內之田十畝，足以為絲麻；鼓琴足以自娛，所學夫子之道者足以自樂也。回不願仕。

孔子愀然變容曰：「善哉回之意！丘聞之：『知足者不以利自累也，審自得者失之而不懼，行修於內者无位而不怍。』丘誦之久矣，今於回而後見之，是丘之得也。

中山公子牟謂瞻子曰：「身在江海之上，心居乎魏闕之下，柰何？」

瞻子曰：「重生。重生則利輕。」

中山公子牟曰：「雖知之，未能自勝也。」

瞻子曰：「不能自勝則從，神无惡乎？不能自勝而強不從者，此之謂重傷。重傷之人，无壽類矣！」

魏牟，萬乘之公子也，其隱巖穴也，難為於布衣之士；雖未至乎道，可謂有其意矣。

孔子窮於陳蔡之間，七日不火食，藜羹不糝，顏色甚憊，而弦歌於室。顏回擇菜，子路子貢相與言曰：「夫子再逐於魯，削迹於衞，伐樹於宋，窮於商周，圍於陳蔡，殺夫子者无罪，藉夫子者无禁。弦歌鼓琴，未嘗絕音，君子之无恥也若此乎？

顏回无以應，入告孔子。孔子推琴喟然而歎曰：「由與賜，細人也。召而來，吾語之。」

子路子貢入。子路曰：「如此者可謂窮矣！」

孔子曰：「是何言也！君子通於道之謂通，窮於道之謂窮。今丘抱仁義之道以遭亂世之患，其何窮之為！故內省而不窮於

道，臨難而不失其德，天寒既至，霜雪既降，吾是以知松柏之茂也。陳蔡之隘，於丘其幸乎！」

孔子削然反琴而弦歌，子路扢然執干而舞。子貢曰：「吾不知天之高也，地之下也。

古之得道者，窮亦樂，通亦樂。所樂非窮通也，道德於此，則窮通為寒暑風雨之序矣。故許由娛於潁陽而共伯得乎共首。

舜以天下讓其友北人无擇，北人无擇曰：「異哉后之為人也，居於畎畝之中而遊堯之門！不若是而已，又欲以其辱行漫我。吾羞見之。」因自投清泠之淵。

湯將伐桀，因卞隨而謀，卞隨曰：「非吾事也。」

湯曰：「孰可？」

曰：「吾不知也。」

湯又因瞀光而謀，瞀光曰：「非吾事也。」

湯曰：「孰可？」

曰：「吾不知也。」

湯曰：「伊尹何如？」

曰：「強力忍垢，吾不知其他也。」

湯遂與伊尹謀伐桀，剋之，以讓卞隨。卞隨辭曰：「后之伐桀也謀乎我，必以我為賊也；勝桀而讓我，必以我為貪也。吾生乎亂世，而无道之人再來漫我以其辱行，吾不忍數聞也。」乃自投椆水而死。

湯又讓瞀光，曰：「知者謀之，武者遂之，仁者居之，古之道也。吾子胡不立乎？」

瞀光辭曰：「廢上，非義也；殺民，非仁也；人犯其難，我享其利，非廉也。吾聞之曰，非其義者，不受其祿，无道之世，不踐其土。況尊我乎！吾不忍久見也。」乃負石而自沈於廬水。

昔周之興，有士二人處於孤竹，曰伯夷叔齊。二人相謂曰：「吾聞西方有人，似有道者，試往觀焉。」至於岐陽，武王聞之，使叔旦往見之，與盟曰：「加富二等，就官一列。」血牲而埋之。

二人相視而笑，曰：「嘻，異哉！此非吾所謂道也。昔者神農之有天下也，時祀盡敬而不祈喜；其於人也，忠信盡治而无求焉。樂與政為政，樂與治為治，不以人之壞自成也，不以人之卑自高也，不以遭時自利也。今周見殷之亂而遽為政，上謀而下行貨，阻兵而保威，割牲而盟以為信，揚行以說衆，殺伐以要利，是推亂以易暴也。吾聞古之士，遭治世不避其任，遇亂世不為苟存。今天下闇，殷德衰，其並乎周以塗吾身也，不如避之以絜吾行。」二子北至於首陽之山，遂餓而死焉。若伯夷叔齊者，其於富貴也，苟可得已，則必不賴。高節戾行，獨樂其志，不事於世。此二士之節也。

盜跖第二十九

孔子與柳下季為友，柳下季之弟名曰盜跖。盜跖從卒九千人，橫行天下，侵暴諸侯，穴室樞戶，驅人牛馬，取人婦女，貪得忘親，不顧父母兄弟，不祭先祖。所過之邑，大國守城，小國入保，萬民苦之。

孔子謂柳下季曰：「夫為人父者，必能詔其子；為人兄者，必能教其弟。若父不能詔其子，兄不能教其弟，則无貴父子兄弟之親矣。今先生，世之才士也，弟為盜跖，為天下害，而弗

126

能教也，丘竊為先生羞之。丘請為先生往說之。

柳下季曰：「先生言為人父者必能詔其子，為人兄者必能教其弟，若子不聽父之詔，弟不受兄之教，雖今先生之辯，將奈之何哉？且跖之為人也，心如涌泉，意如飄風，強足以距敵，辯足以飾非，順其心則喜，逆其心則怒，易辱人以言。先生必无往。」

孔子不聽，顏回為馭，子貢為右，往見盜跖。盜跖乃方休卒徒大山之陽，膾人肝而餔之。孔子下車而前，見謁者曰：「魯人孔丘，聞將軍高義，敬再拜謁者。」

謁者入通，盜跖聞之大怒，目如明星，髮上指冠，曰：「此夫魯國之巧偽人孔丘非邪？為我告之：『爾作言造語，妄稱文武，冠枝木之冠，帶死牛之脅，多辭繆說，不耕而食，不織而衣，搖脣鼓舌，擅生是非，以迷天下之主，使天下學士不反其本，妄作孝弟，而徼倖於封侯富貴者也。子之罪大極重，疾走歸！不然，我將以子肝益晝餔之膳。』」

孔子復通曰：「丘得幸於季，願望履幕下。」

謁者復通，盜跖曰：「使來前！」

孔子趨而進，避席反走，再拜盜跖。盜跖大怒，兩展其足，案劍瞋目，聲如乳虎，曰：「丘來前！若所言，順吾意則生，逆吾心則死。」

孔子曰：「丘聞之，凡天下有三德：生而長大，美好无雙，少長貴賤見而皆說之，此上德也；知維天地，能辯諸物，此中德也；勇悍果敢，聚衆率兵，此下德也。凡人有此一德者，足以南面稱孤矣。今將軍兼此三者，身長八尺二寸，面目有光，脣如激丹，齒如齊貝，音中黃鍾，而名曰盜跖，丘竊為將軍恥不取焉。將軍有意聽臣，臣請南使吳越，北使齊魯，東使宋衛，

西使晉楚，使為將軍造大城數百里，立數十萬戶之邑，尊將軍為諸侯，與天下更始，罷兵休卒，收養昆弟，共祭先祖。此聖人才士之行，而天下之願也。」

盜跖大怒曰：「丘來前！夫可規以利而可諫以言者，皆愚陋恆民之謂耳。今長大美好，人見而悅之者，此吾父母之遺德也。丘雖不吾譽，吾獨不自知邪？

且吾聞之，好面譽人者，亦好背而毀之。今丘告我以大城眾民，是欲規我以利而恆民畜我也，安可久長也！城之大者，莫大乎天下矣。堯舜有天下，子孫无置錐之地；湯武立為天子，而後世絕滅；非以其利大故邪？

且吾聞之，古者禽獸多而人少，於是民皆巢居以避之，晝拾橡栗，暮栖木上，故命之曰有巢氏之民。古者民不知衣服，夏多積薪，冬則煬之，故命之曰知生之民。神農之世，臥則居居，起則于于。民知其母，不知其父，與麋鹿共處，耕而食，織而衣，无有相害之心，此至德之隆也。然而黃帝不能致德，與蚩尤戰於涿鹿之野，流血百里。堯舜作，立羣臣，湯放其主，武王殺紂。自是之後，以強陵弱，以眾暴寡。湯武以來，皆亂人之徒也。

今子脩文武之道，掌天下之辯，以教後世，縫衣淺帶，矯言偽行，以迷惑天下之主，而欲求富貴焉，盜莫大於子。天下何故不謂子為盜丘，而乃謂我為盜跖？

子以甘辭說子路而使從之，使子路去其危冠，解其長劍，而受教於子，天下皆曰孔丘能止暴禁非。其卒之也，子路欲殺衛君而事不成，身菹於衛東門之上，是子教之不至也。

子自謂才士聖人邪，則再逐於魯，削跡於衛，窮於齊，圍於陳蔡，不容身於天下。子教子路菹此患，上无以為身，下无

以為人，子之道豈足貴邪？

世之所高，莫若黃帝，黃帝尚不能全德，而戰於涿鹿之野，流血百里。堯不慈，舜不孝，禹偏枯，湯放其主，武王伐紂，文王拘羑里。此六子者，世之所高也，孰論之，皆以利惑其真而強反其情性，其行乃甚可羞也。

世之所謂賢士，伯夷叔齊。伯夷叔齊辭孤竹之君而餓死於首陽之山，骨肉不葬。鮑焦飾行非世，抱木而死。申徒狄諫而不聽，負石自投於河，為魚鱉所食。介子推至忠也，自割其股以食文公，文公後背之，子推怒而去，抱木而燔死。尾生與女子期於梁下，女子不來，水至不去，抱梁柱而死。此六子者，无異於磔犬流豕操瓢而乞者，皆離名輕死，不念本養壽命者也。

世之所謂忠臣者，莫若王子比干伍子胥。子胥沉江，比干剖心，此二子者，世謂忠臣也，然卒為天下笑。自上觀之，至於子胥比干，皆不足貴也。

丘之所以說我者，若告我以鬼事，則我不能知也；若告我以人事者，不過此矣，皆吾所聞知也。

今吾告子以人之情，目欲視色，耳欲聽聲，口欲察味，志氣欲盈。人上壽百歲，中壽八十，下壽六十，除病瘦死喪憂患，其中開口而笑者，一月之中不過四五日而已矣。天與地无窮，人死者有時，操有時之具而托於无窮之閒，忽然无異騏驥之馳過隙也。不能說其志意，養其壽命者，皆非通道者也。

丘之所言，皆吾之所棄也，亟去走歸，无復言之！子之道，狂狂汲汲，詐巧虛偽事也，非可以全真也，奚足論哉！」

孔子再拜趨走，出門上車，執轡三失，目芒然无見，色若死灰，據軾低頭，不能出氣。歸到魯東門外，適遇柳下季。柳下季曰：「今者闕然數日不見，車馬有行色，得微往見跖

邪？」

孔子仰天而歎曰：「然！」

柳下季曰：「跖得无逆汝意若前乎？」

孔子曰：「然。丘所謂无病而自灸也，疾走料虎頭，編虎須，幾不免虎口哉！」

子張問於滿苟得曰：「盍不為行？无行則不信，不信則不任，不任則不利。故觀之名，計之利，而義真是也。若棄名利，反之於心，則夫士之為行，不可一日不為乎！」

滿苟得曰：「无恥者富，多信者顯。夫名利之大者，幾在无恥而信。故觀之名，計之利，而信真是也。若棄名利，反之於心，則夫士之為行，抱其天乎！」

子張曰：「昔者桀紂貴為天子，富有天下，今謂臧聚曰，汝行如桀紂，則有怍色，有不服之心者，小人所賤也。仲尼墨翟，窮為匹夫，今謂宰相曰，子行如仲尼墨翟，則變容易色稱不足者，士誠貴也。故勢為天子，未必貴也；窮為匹夫，未必賤也；貴賤之分，在行之美惡。」

滿苟得曰：「小盜者拘，大盜者為諸侯，諸侯之門，義士存焉。昔者桓公小白殺兄入嫂而管仲為臣，田成子常殺君竊國而孔子受幣。論則賤之，行則下之，則是言行之情悖戰於胸中也，不亦拂乎！故《書》曰：『孰惡孰美？成者為首，不成者為尾。』」

子張曰：「子不為行，即將疏戚无倫，貴賤无義，長幼无序；五紀六位，將何以為別乎？」

滿苟得曰：「堯殺長子，舜流母弟，疏戚有倫乎？湯放桀，武王殺紂，貴賤有義乎？王季為適，周公殺兄，長幼有序乎？

儒者偽辭，墨子兼愛，五紀六位將有別乎？

且子正為名，我正為利。名利之實，不順於理，不監於道。吾日與子訟於无約，曰『小人殉財，君子殉名。其所以變其情，易其性，則異矣；乃至於棄其所為而殉其所不為，則一也。』故曰，无為小人，反殉而天；无為君子，從天之理。若枉若直，相而天極；面觀四方，與時消息。若是若非，執而圓機；獨成而意，與道徘徊。无轉而行，无成而義，將失而所為。无赴而富，无殉而成，將棄而天。

比干剖心，子胥抉眼，忠之禍也；直躬證父，尾生溺死，信之患也；鮑子立乾，申子不自理，廉之害也；孔子不見母，匡子不見父，義之失也。此上世之所傳，下世之所語，以為士者正其言、必其行，故服其殃、離其患也。」

无足問於知和曰：「人卒未有不興名就利者。彼富則人歸之，歸則下之，下則貴之。夫見下貴者，所以長生安體樂意之道也。今子獨无意焉，知不足邪，意知而力不能行邪，故推正不妄邪？」

知和曰：「今夫此人以為與己同時而生，同鄉而處者，以為夫絕俗過世之士焉；是專无主正，所以覽古今之時，是非之分也，與俗化。世去至重，棄至尊，以為其所為也；此其所以論長生安體樂意之道，不亦遠乎！慘怛之疾，恬愉之安，不監於體；怵惕之恐，欣懽之喜，不監於心；知為為而不知所以為，是以貴為天子，富有天下，而不免於患也。」

无足曰：「夫富之於人，无所不利，窮美究埶，至人之所不得逮，賢人之所不能及，俠人之勇力而以為威強，秉人之知謀以為明察，因人之德以為賢良，非享國而嚴若君父。且夫聲色滋味權勢之於人，心不待學而樂之，體不待象而安之。夫欲

惡避就，固不待師，此人之性也。天下雖非我，孰能辭之！」

知和曰：「知者之為，故動以百姓，不違其度，是以足而不爭，无以為故不求。不足故求之，爭四處而不自以為貪；有餘故辭之，棄天下而不自以為廉。廉貪之實，非以迫外也，反監之度。勢為天子而不以貴驕人，富有天下而不以財戲人。計其患，慮其反，以為害於性，故辭而不受也，非以要名譽也。堯舜為帝而雍，非仁天下也，不以美害生；善卷許由得帝而不受，非虛辭讓也，不以事害己。此皆就其利、辭其害，而天下稱賢焉，則可以有之，彼非以興名譽也。」

无足曰：「必持其名，苦體絕甘，約養以持生，則亦久病長阨而不死者也。

知和曰：「平為福，有餘為害者，物莫不然，而財其甚者也。今富人，耳營鐘鼓莞籥之聲，口嗛於芻豢醪醴之味，以感其意，遺忘其業，可謂亂矣；佅溺於馮氣，若負重行而上阪，可謂苦矣，貪財而取慰，貪權而取竭，靜居則溺，體澤則馮，可謂疾矣；為欲富就利，故滿若堵耳而不知避，且馮而不舍，可謂辱矣；財積而无用，服膺而不舍，滿心戚醮，求益而不止，可謂憂矣；內則疑劫請之賊，外則畏寇盜之害，內周樓疏，外不敢獨行，可謂畏矣。此六者，天下之至害也，皆遺忘而不知察，及其患至，求盡性竭財，單以反一日之无故而不可得也。故觀之名則不見，求之利則不得，繚意體而爭此，不亦惑乎！

說劍第三十

昔趙文王喜劍，劍士夾門而客三千餘人，日夜相擊於前，死傷者歲百餘人，好之不厭。如是三年，國衰，諸侯謀之。

太子悝患之，募左右曰：「孰能說王之意止劍士者，賜之千金。」左右曰：「莊子當能。

太子乃使人以千金奉莊子。莊子弗受，與使者俱，往見太子曰：「太子何以教周，賜周千金？」

太子曰：「聞夫子明聖，謹奉千金以幣從者。夫子弗受，悝尚何敢言！」

莊子曰：「聞太子所欲用周者，欲絕王之喜好也。使臣上說大王而逆王意，下不當太子，則身刑而死，周尚安所事金乎？使臣上說大王，下當太子，趙國何求而不得也！

太子曰：「然。吾王所見，唯劍士也。」

莊子曰：「諾。周善為劍。」

太子曰：「然吾王所見劍士，皆蓬頭突鬢垂冠，曼胡之纓，短後之衣，瞋目而語難，王乃說之。今夫子必儒服而見王，事必大逆。

莊子曰：「請治劍服。」治劍服三日，乃見太子。太子乃與見王，王脫白刃待之。莊子入殿門不趨，見王不拜。王曰：「子欲何以教寡人，使太子先？

曰：「臣聞大王喜劍，故以劍見王。」

王曰：「子之劍何能禁制？」

曰：「臣之劍十步一人，千里不留行。」

王大悅之，曰：「天下无敵矣！」

莊子曰：「夫為劍者，示之以虛，開之以利，後之以發，先之以至。願得試之。」

王曰：「夫子休就舍，待命令設戲請夫子。」

王乃校劍士七日，死傷者六十餘人，得五六人，使奉劍於殿下，乃召莊子。王曰：「今日試使士敦劍。」

莊子曰：「望之久矣。」

王曰：「夫子所御杖，長短何如？」

曰：「臣之所奉皆可。然臣有三劍，唯王所用，請先言而後試。」

王曰：「願聞三劍。」

曰：「有天子劍，有諸侯劍，有庶人劍。」

王曰：「天子之劍何如？」

曰：「天子之劍，以燕谿石城為鋒，齊岱為鍔，晉衞為脊，周宋為鐔，韓魏為夾；包以四夷，裹以四時；繞以渤海，帶以常山；制以五行，論以刑德；開以陰陽，持以春夏，行以秋冬。此劍，直之无前，舉之无上，案之无下，運之无旁，上決浮云，下絕地紀。此劍一用，匡諸侯，天下服矣。此天子之劍也。

文王芒然自失，曰：「諸侯之劍何如？」

曰：「諸侯之劍，以知勇士為鋒，以清廉士為鍔，以賢良士為脊，以忠聖士為鐔，以豪桀士為夾。此劍，直之亦无前，舉之亦无上，案之亦无下，運之亦无旁；上法圓天以順三光，下法方地以順四時，中和民意，以安四鄉。此劍一用，如雷霆之震也，四封之內，無不賓服而聽從君命者矣。此諸侯之劍也。

王曰：「庶人之劍何如？」

曰：「庶人之劍，蓬頭突鬢垂冠，曼胡之纓，短後之衣，瞋目而語難。相擊於前，上斬頸領，下決肝肺。此庶人之劍，无異於鬥雞，一旦命已絕矣，无所用於國事。今大王有天子之位而好庶人之劍，臣竊為大王薄之。

王乃牽而上殿。宰人上食，王三環之。莊子曰：「大王安

坐定氣，劍事已畢奏矣。」

於是文王不出宮三月，劍士皆服斃其處也。

漁父第三十一

孔子遊乎緇帷之林，休坐乎杏壇之上。弟子讀書，孔子弦歌鼓琴，奏曲未半。

有漁父者，下船而來，須眉交白，被髮揄袂，行原以上，距陸而止，左手據膝，右手持頤以聽。曲終而招子貢子路，二人俱對。

客指孔子曰：「彼何為者也？」

子路對曰：「魯之君子也。」

客問其族。子路對曰：「族孔氏。」

客曰：「孔氏者何治也？」

子路未應，子貢對曰：「孔氏者，性服忠信，身行仁義，飾禮樂，選人倫，上以忠於世主，下以化於齊民，將以利天下，此孔氏之所治也。」

又問曰：「有土之君與？」

子貢曰：「非也。」

「侯王之佐與？」

子貢曰：「非也。」

客乃笑而還，行言曰：「仁則仁矣，恐不免其身；苦心勞形以危其真。嗚呼！遠哉其分於道也！」

子貢還，報孔子。孔子推琴而起，曰：「其聖人與！」乃下求之，至於澤畔，方將杖拏而引其船，顧見孔子，還鄉而立。

孔子反走，再拜而進。

客曰：「子將何求？」

孔子曰：「曩者先生有緒言而去，丘不肖，未知所謂，竊待於下風，幸聞咳唾之音以卒相丘也。」

客曰：「嘻！甚矣，子之好學也！」

孔子再拜而起曰：「丘少而脩學，以至於今，六十九歲矣，无所得聞至教，敢不虛心！

客曰：「同類相從，同聲相應，固天之理也。吾請釋吾之所有而經子之所以。子之所以者，人事也。天子諸侯大夫庶人，此四者自正，治之美也，四者離位而亂莫大焉。官治其職，人憂其事，乃无所陵。故田荒室露，衣食不足，徵賦不屬，妻妾不和，長少无序，庶人之憂也；能不勝任，官事不治，行不清白，羣下荒怠，功美不有，爵祿不持，大夫之憂也；廷无忠臣，國家昏亂，工技不巧，貢職不美，春秋後倫，不順天子，諸侯之憂也；陰陽不和，寒暑不時，以傷庶物，諸侯暴亂，擅相攘伐，以殘民人，禮樂不節，財用窮匱，人倫不飭，百姓淫亂，天子有司之憂也。今子既上无君侯有司之勢而下无大臣職事之官，而擅飾禮樂，選人倫，以化齊民，不泰多事乎！

且人有八疵，事有四患，不可不察也。非其事而事之，謂之摠；莫之顧而進之，謂之佞；希意道言，謂之諂；不擇是非而言，謂之諛；好言人之惡，謂之讒；析交離親，謂之賊；稱譽詐偽以敗惡人，謂之慝；不擇善否，兩容頰適，偷拔其所欲，謂之險。此八疵者，外以亂人，內以傷身，君子不友，明君不臣。所謂四患者：好經大事，變更易常，以挂功名，謂之叨；專知擅事，侵人自用，謂之貪；見過不更，聞諫愈甚，謂之很；人同於己則可，不同於己，雖善不善，謂之矜。此四患也。能

去八疵，无行四患，而始可教已。

孔子愀然而歎，再拜而起曰：「丘再逐於魯，削迹於衞，伐樹於宋，圍於陳蔡。丘不知所失，而離此四謗者何也？」

客悽然變容曰：「甚矣子之難悟也！人有畏影惡迹而去之走者，舉足愈數而迹愈多，走愈疾而影不離身，自以為尚遲，疾走不休，絕力而死。不知處陰以休影，處靜以息迹，愚亦甚矣！子審仁義之間，察同異之際，觀動靜之變，適受與之度，理好惡之情，和喜怒之節，而幾於不免矣。謹脩而身，慎守其真，還以物與人，則无所累矣。今不脩身而求之人，不亦外乎！

孔子愀然曰：「請問何謂真？」

客曰：「真者，精誠之至也。不精不誠，不能動人。故強哭者雖悲不哀，強怒者雖嚴不威，強親者雖笑不和。真悲无聲而哀，真怒未發而威，真親未笑而和。真在內者，神動於外，是所以貴真也。其用於人理也，事親則慈孝，事君則忠貞，飲酒則歡樂，處喪則悲哀。忠貞以功為主，飲酒以樂為主，處喪以哀為主，事親以適為主，功成之美，无一其迹矣。事親以適，不論所以矣；飲酒以樂，不選其具矣；處喪以哀，无問其禮矣。禮者，世俗之所為也；真者，所以受於天也，自然不可易也。故聖人法天貴真，不拘於俗。愚者反此。不能法天而恤於人，不知貴真，祿祿而受變於俗，故不足。惜哉，子之蚤湛於人偽而晚聞大道也！

孔子又再拜而起曰：「今者丘得遇也，若天幸然。先生不羞而比之服役，而身教之。敢問舍所在，請因受業而卒學大道。」

客曰：「吾聞之，可與往者與之，至於妙道；不可與往者，不知其道，慎勿與之，身乃无咎。子勉之！吾去子矣，吾去子

矣！」乃剌船而去，延緣葦間。

顏淵還車，子路授綏，孔子不顧，待水波定，不聞拏音而後敢乘。

子路旁車而問曰：「由得為役久矣，未嘗見夫子遇人如此其威也。萬乘之主，千乘之君，見夫子未嘗不分庭伉禮，夫子猶有倨敖之容。今漁父杖拏逆立，而夫子曲要磬折，言拜而應，得无太甚乎？門人皆怪夫子矣，漁人何以得此乎？」

孔子伏軾而歎曰：「甚矣，由之難化也！湛於禮儀間矣，而樸鄙之心至今未去。進，吾語汝！夫遇長不敬，失禮也；見賢不尊，不仁也。彼非至人，不能下人，下人不精，不得其真，故長傷身。惜哉！不仁之於人也，禍莫大焉，而由獨擅之。且道者，萬物之所由也，庶物失之者死，得之者生，為事逆之則敗，順之則成。故道之所在，聖人尊之。今之漁父之於道，可謂有矣，吾敢不敬乎！」

列禦寇第三十二

列禦寇之齊，中道而反，遇伯昏瞀人。伯昏瞀人曰：「奚方而反？」

曰：「吾驚焉。」

曰：「惡乎驚？」

曰：「吾嘗食於十⊠ 而五⊠漿饋。」

伯昏瞀人曰：「若是，則汝何為驚已？」

曰：「夫內誠不解，形諜成光，以外鎮人心，使人輕乎貴老，而⊠所患。夫⊠特為食羹之貨，[無]多餘之贏，其為利也薄，其為權也輕，而猶若是，而況於萬乘之主乎！身勞於國而知盡於事，彼將任我以事而效我以功。吾是以驚。」

伯昏瞀人曰：「善哉觀乎！女處已，人將保女矣！」

无幾何而往，則戶外之屨滿矣。伯昏瞀人北面而立，敦杖蹙之乎頤，立有間，不言而出。

賓者以告列子，列子提屨，跣而走，暨乎門，曰：「先生既來，曾不發藥乎？

曰：「已矣，吾固告汝曰人將保汝，果保汝矣。非汝能使人保汝，而汝不能使人无保汝也，而焉用之感豫出異也！必且有感，搖而本才，又无謂也。與汝遊者，又莫汝告也。彼所小言，盡人毒也。莫覺莫悟，何相孰也！巧者勞而知者憂，无能者无所求，飽食而敖遊，汎若不繫之舟，虛而敖遨者也。」

鄭人緩也呻吟裘氏之地。祇三年而緩為儒，河潤九里，澤及三族，使其弟墨。儒墨相與辯，其父助翟。十年而緩自殺。其父夢之曰：「使而子為墨者，予也，闔胡嘗視其良，既為秋柏之實矣？」

夫造物者之報人也，不報其人而報其人之天，彼故使彼。夫人以己為有以異於人以賤其親，齊人之井飲者相捽也。故曰今之世皆緩也。自是，有德者以不知也，而況有道者乎！古者謂之遁天之刑。

聖人安其所安，不安其所不安；眾人安其所不安，不安其所安。

莊子曰：「知道易，勿言難。知而不言，所以之天也。知而言之，所以之人也。古之人，天而不人。」

朱泙漫學屠龍於支離益，單千金之家，三年技成而无所用其巧。

聖人以必不必，故无兵；眾人以不必必之，故多兵。順於

兵，故行有求。兵，恃之則亡。

小夫之知，不離苞苴竿牘，敝精神乎蹇淺，而欲兼濟道物，太一形虛。若是者，迷惑於宇宙，形累不知太初。彼至人者，歸精神乎无始而甘冥乎无何有之鄉。水流乎无形，發泄乎太清。悲哉乎！汝為知在毫毛而不知大寧。

宋人有曹商者，為宋王使秦。其往也，得車數乘。王說之，益車百乘。反於宋，見莊子，曰：「夫處窮閭阨巷，困窘織屨，槁項黃馘者，商之所短也；一悟萬乘之主而從車百乘者，商之所長也。

莊子曰：「秦王有病召醫。破癰潰痤者得車一乘，舐痔者得車五乘，所治愈下，得車愈多。子豈治其痔邪？何得車之多也？子行矣！」

魯哀公問乎顏闔曰：「吾以仲尼為貞幹，國其有瘳乎？」

曰：「殆哉圾乎仲尼！方且飾羽而畫，從事華辭。以支為旨，忍性以視民而不知不信。受乎心，宰乎神，夫何足以上民！彼宜女與？予頤與？誤而可矣！今使民離實學偽，非所以視民也。為後世慮，不若休之。難治也！」

施于人而不忘，非天布也，商賈不齒。雖以事齒之，神者弗齒。

為外刑者，金與木也；為內刑者，動與過也。宵人之離外刑者，金木訊之；離內刑者，陰陽食之。夫免乎外內之刑者，唯真人能之。

孔子曰：「凡人心險於山川，難於知天。天猶有春秋冬夏旦暮之期，人者厚貌深情。故有貌愿而益，有長若不肖，有順懁而達，有堅而縵，有緩而釬。故其就義若渴者，其去義若熱。

故君子遠使之而觀其忠，近使之而觀其敬，煩使之而觀其能，卒然問焉而觀其知，急與之期而觀其信，委之以財而觀其仁，告之以危而觀其節，醉之以酒而觀其側，雜之以處而觀其色。九徵至，不肖人得矣。」

正考父一命而傴，再命而僂，三命而俯，循牆而走，孰敢不軌！如而夫者，一命而呂鉅，再命而於車上儛，三命而名諸父。孰協唐許！

賊莫大乎德有心而心有睫，及其有睫也而內視，內視而敗矣。凶德有五，中德為首。何謂中德？中德也者，有以自好也而吡其所不為者也。

窮有八極，達有三必，形有六府。美髯長大壯麗勇敢，八者俱過人也，因以是窮。緣循，偃佒，困畏不若人，三者俱通達。知慧外通，勇動多怨，仁義多責，達生之性者傀，達於知者肖；達大命者隨，達小命者遭。

人有見宋王者，錫車十乘。以其十乘驕稺莊子。

莊子曰：「河上有家貧恃緯蕭而食者，其子沒於淵，得千金之珠。其父謂其子曰：『取石來鍛之！夫千金之珠，必在九重之淵而驪龍頷下。子能得珠者，必遭其睡也。使驪龍而寤，子尚奚微之有哉！』今宋國之深，非直九重之淵也；宋王之猛，非直驪龍也；子能得車者，必遭其睡也。使宋王而寤，子為☒粉夫。」

或聘於莊子，莊子應其使曰：「子見夫犧牛乎？衣以文繡，食以芻叔。及其牽而入於大廟，雖欲為孤犢，其可得乎！」

莊子將死，弟子欲厚葬之。莊子曰：「吾以天地為棺槨，以日月為連璧，星辰為珠璣，萬物為齎送。吾葬具豈不備邪？何以加此！」

弟子曰：「吾恐烏鳶之食夫子也。」

莊子曰：「在上為烏鳶食，在下為螻蟻食，奪彼與此，何其偏也。」

以不平平，其平也不平；以不徵徵，其徵也不徵。明者唯為之使，神者徵之。夫明之不勝神也久矣，而愚者恃其所見入於人，其功外也，不亦悲乎！

天下第三十三

天下之治方術者多矣，皆以其有為不可加矣。古之所謂道術者，果惡乎在？曰：「无乎不在。」曰：「神何由降？明何由出？」「聖有所生，王有所成，皆原於一。」

不離於宗，謂之天人。不離於精，謂之神人。不離於真，謂之至人。以天為宗，以德為本，以道為門，兆於變化，謂之聖人。以仁為恩，以義為理，以禮為行，以樂為和，薰然慈仁，謂之君子。以法為分，以名為表，以參為驗，以稽為決，其數一二三四是也，百官以此相齒，以事為常，以衣食為主，蕃息畜藏，老弱孤寡為意，皆有以養，民之理也。

古之人其備乎！配神明，醇天地，育萬物，和天下，澤及百姓，明於本數，係於末度，六通四辟，小大精粗，其運无乎不在。其明而在數度者，舊法世傳之史尚多有之。其在於《詩》、《書》、《禮》、《樂》者，鄒魯之士搢紳先生多能明之。《詩》以道志，《書》以道事，《禮》以道行，《樂》以道和，《易》以道陰陽，《春秋》以道名分。其數散於天下而設於中國者，百家之學時或稱而道之。

天下大亂，賢聖不明，道德不一，天下多得一察焉以自好。譬如耳目鼻口，皆有所明，不能相通。猶百家眾技也，皆有所長，時有所用。雖然，不該不徧，一曲之士也。判天地之美，

析萬物之理，察古人之全，寡能備於天地之美，稱神明之容。是故內聖外王之道，闇而不明，鬱而不發，天下之人各為其所欲焉以自為方。悲夫，百家往而不反，必不合矣！後世之學者，不幸不見天地之純，古人之大體，道術將為天下裂。

不侈於後世，不靡於萬物，不暉於數度，以繩墨自矯而備世之急，古之道術有在於是者。墨翟、禽滑釐聞其風而說之，為之大過，已之大循。作為《非樂》，命之曰《節用》；生不歌，死无服。墨子氾愛兼利而非鬥，其道不怒；又好學而博，不異，不與先王同，毀古之禮樂。

黃帝有《咸池》，堯有《大章》，舜有《大韶》，禹有《大夏》，湯有《大濩》，文王有辟雍之樂，武王周公作《武》。古之喪禮，貴賤有儀，上下有等，天子棺槨七重，諸侯五重，大夫三重，士再重。今墨子獨生不歌，死不服，桐棺三寸而无槨，以為法式。以此教人，恐不愛人；以此自行，固不愛己。未敗墨子道，雖然，歌而非歌，哭而非哭，樂而非樂，是果類乎？其生也勤，其死也薄，其道大觳；使人憂，使人悲，其行難為也，恐其不可以為聖人之道，反天下之心，天下不堪。墨子雖獨能任，奈天下何！離於天下，其去王也遠矣。

墨子稱道曰：「昔禹之湮洪水，決江河而通四夷九州也，名川三百，支川三千，小者无數。禹親自操橐耜而九雜天下之川；腓无胈，脛无毛，沐甚雨，櫛疾風，置萬國。禹大聖也而形勞天下也如此。」使後世之墨者，多以裘褐為衣，以跂蹻為服，日夜不休，以自苦為極，曰：「不能如此，非禹之道也，不足謂墨。」

相里勤之弟子五侯之徒，南方之墨者苦獲、己齒、鄧陵子之屬，俱誦《墨經》，而倍譎不同，相謂別墨；以堅白同異之辯相訾，以觭偶不仵之辭相應；以巨子為聖人，皆願為之尸，

冀得為其後世，至今不決。

墨翟禽滑釐之意則是，其行則非也。將使後世之墨者，必自苦以腓无胈脛无毛相進而已矣。亂之上也，治之下也。雖然，墨子真天下之好也，將求之不得也，雖枯槁不舍也。才士也夫！

不累於俗，不飾於物，不苟於人，不忮於眾，願天下之安寧以活民命，人我之養畢足而止，以此白心，古之道術有在於是者。宋鈃尹文聞其風而悅之，作為華山之冠以自表，接萬物以別宥為始；語心之容，命之曰「心之行」，以聏合驩，以調海內，請欲置之以為主。見侮不辱，救民之鬥，禁攻寢兵，救世之戰。以此周行天下，上說下教，雖天下不取，強聒而不舍者也，故曰：上下見厭而強見也。

雖然，其為人太多，其自為太少；曰：「請欲固置五升之飯足矣，先生恐不得飽，弟子雖飢，不忘天下。」日夜不休，曰：「我必得活哉！」圖傲乎救世之士哉！曰：「君子不為苛察，不以身假物。」以為无益於天下者，明之不如已也，以禁攻寢兵為外，以情欲寡淺為內，其小大精粗，其行適至是而止。

公而不當，易而无私，決然无主，趣物而不兩，不顧於慮，不謀於知，於物无擇，與之俱往，古之道術有在於是者。彭蒙田駢慎到聞其風而悅之，齊萬物以為首，曰：「天能覆之而不能載之，地能載之而不能覆之，大道能包之而不能辯之，知萬物皆有所可，有所不可，故曰選則不徧，教則不至，道則无遺者矣。」

是故慎到棄知去己而緣不得已，泠汰於物以為道理，曰知不知，將薄知而後鄰傷之者也，謑髁无任而笑天下之尚賢也，縱脫无行而非天下之大聖，椎拍輐斷，與物宛轉，舍是與非，苟可以免，不師知慮，不知前後，魏然而已矣。推而後行，曳

而後往，若飄風之還，若羽之旋，若磨石之隧，全而无非，動靜无過，未嘗有罪。是何故？夫无知之物，无建己之患，无用知之累，動靜不離於理，是以終身无譽。故曰至於若无知之物而已，无用賢聖，夫塊不失道。豪桀相與笑之曰：「慎到之道，非生人之行而至死人之理，適得怪焉」。

田駢亦然，學於彭蒙，得不教焉。彭蒙之師曰：「古之道人，至於莫之是莫之非而已矣。其風窢然，惡可而言。」常反人，不見觀，而不免於魭斷。其所謂道非道，而所言之韙不免於非。彭蒙田駢慎到不知道。雖然，概乎皆嘗有聞者也。

以本為精，以物為粗，以有積為不足，澹然獨與神明居。古之道術有在於是者，關尹老聃聞其風而悅之。建之以常无有，主之以太一，以濡弱謙下為表，以空虛不毀萬物為實。

關尹曰：「在己无居，形物自著。其動若水，其靜若鏡，其應若響。芴乎若亡，寂乎若清，同焉者和，得焉者失。未嘗先人而常隨人。」

老聃曰：「知其雄，守其雌，為天下谿；知其白，守其辱，為天下谷。」人皆取先，己獨取後，曰受天下之垢；人皆取實，己獨取虛，无藏也故有餘，歸然而有餘。其行身也，徐而不費，无為也而笑巧；人皆求福，己獨曲全，曰苟免於咎。以深為根，以約為紀，曰堅則毀矣，銳則挫矣。常寬容於物，不削於人，可謂至極。

關尹老聃乎！古之博大真人哉！

芴漠无形，變化无常，死與生與，天地並與，神明往與！芒乎何之，忽乎何適，萬物畢羅，莫足以歸，古之道術有在於是者。莊周聞其風而悅之，以謬悠之說，荒唐之言，無端崖之辭，時恣縱而不儻，不以觭見之也。以天下為沈濁，不可與莊

語，以卮言為曼衍，以重言為真，以寓言為廣。獨與天地精神往來而不敖倪於萬物，不譴是非，以與世俗處。其書雖瓌瑋而連犿无傷也。其辭雖參差而諔詭可觀。彼其充實不可以已，上與造物者遊，而下與外死生无終始者為友。其於本也，弘大而辟，深閎而肆，其於宗也，可謂稠適而上遂矣。雖然，其應於化而解於物也，其理不竭，其來不蛻，芒乎昧乎，未之盡者。

惠施多方，其書五車，其道舛駁，其言也不中。厤物之意，曰：「至大无外，謂之大一；至小无內，謂之小一。无厚，不可積也，其大千里。天與地卑，山與澤平。日方中方睨，物方生方死。大同而與小同異，此之謂小同異；萬物畢同畢異，此之謂大同異。南方无窮而有窮，今日適越而昔來。連環可解也。我知天之中央，燕之北越之南是也。氾愛萬物，天地一體也。

惠施以此為大，觀於天下而曉辯者，天下之辯者相與樂之。卵有毛，雞三足，郢有天下，犬可以為羊，馬有卵，丁子有尾，火不熱，山出口，輪不蹍地，目不見，指不至，至不絕，龜長於蛇，矩不方，規不可以為圓，鑿不圍枘，飛鳥之景未嘗動也，鏃矢之疾而有不行不止之時，狗非犬，黃馬驪牛三，白狗黑，孤駒未嘗有母，一尺之捶，日取其半，萬世不竭。辯者以此與惠施相應，終身无窮。

桓團公孫龍辯者之徒，飾人之心，易人之意，能勝人之口，不能服人之心，辯者之囿也。惠施日以其知與人之辯，特與天下之辯者為怪，此其柢也。

然惠施之口談，自以為最賢，曰天地其壯乎！施存雄而无術。南方有倚人焉曰黃繚，問天地所以不墜不陷，風雨雷霆之故。惠施不辭而應，不慮而對，遍為萬物說，說而不休，多而无已，猶以為寡，益之以怪。以反人為實而欲以勝人為名，是以與眾不適也。弱於德，強於物，其塗隩矣。由天地之道觀

惠施之能，其猶一蚊一虻之勞者也。其於物也何庸！夫充一尚可，曰愈貴道，幾矣！惠施不能以此自寧，散於萬物而不厭，卒以善辯為名。惜乎！惠施之才，駘蕩而不得，逐萬物而不反，是窮響以聲，形與影競走也，悲夫！

Also Available from JiaHu Books

Πολιτεία – 9781909669482

The Early Dialogues – Apology to Lysis – 9781909669888

Ἰλιάς - 9781909669222

Ὀδύσσεια - 9781909669260

Ἀνάβασις - 9781909669321

Μήδεια – Βάκχαι – 9781909669765

Νεφέλαι – Λυσιστράτη – 9781909669956

Ἱστορίαι - 9781909669710

De rerum natura – Lucretius

Metamorphoses – Ovid (Latin)

Satyricon - Gaius Petronius Arbiter (Latin)

Metamorphoses – Asinus Aureus (Latin)

Plays of Terence (Latin)

Plays of Plautus (Latin)

Complete Works of Pliny the Younger (Latin)

Philippicae (Latin)

Egils Saga (Old Norse)

Egils Saga (Icelandic)

Brennu-Njáls saga (Icelandic)

Laxdæla Saga (Icelandic)

अभीज्ञानशाकु न्ताकम्- Recognition of Sakuntala (Sanskrit) – 9781909669192

Bhagavad Gita (Sanskrit) - 9781909669178

易經 – 9781909669383

春秋左氏傳 - 9781909669390

尚書 – 9781909669635

Truyện Kiều - 9781784350185

Made in United States
North Haven, CT
01 September 2024

56806386R00093